U0560125

图书在版编目（ＣＩＰ）数据

老王有个项目：创投杂谈 / 王海峰著. — 杭州：
浙江大学出版社，2021.8
ISBN 978-7-308-21517-6

Ⅰ. ①老… Ⅱ. ①王… Ⅲ. ①创业投资 Ⅳ.
①F830.59

中国版本图书馆CIP数据核字(2021)第121378号

老王有个项目——创投杂谈

王海峰　著

责任编辑	杨　茜
责任校对	陈　欣
封面设计	周　灵
出版发行	浙江大学出版社
	（杭州市天目山路148号　　邮政编码　310007）
	（网址：http://www.zjupress.com）
排　　版	杭州林智广告有限公司
印　　刷	杭州钱江彩色印务有限公司
开　　本	880mm×1230mm　1/32
印　　张	11.25
字　　数	206千
版 印 次	2021年8月第1版　2021年8月第1次印刷
书　　号	ISBN 978-7-308-21517-6
定　　价	58.00元

版权所有　翻印必究　　印装差错　负责调换

浙江大学出版社市场运营中心联系方式：0571-88925591；http://zjdxcbs.tmall.com

这本书的内容，最早源自老王疫情期间的宅家随笔。那一个多月的宅家，让老王实实在在地回顾了一番工作和生活上的经历，然后就发现很多有趣的东西，这些有趣的东西就像精灵一样在脑海里忽隐忽现，一不留神就会飞走再也回不来了。老王有许多企业家朋友，其中有一位非常特别，在和老王第一次见面后，就将老王当时言谈中的一些观点和论据整理成了语录，并作为心灵鸡汤保存了下来，后来又发给了老王。也正是基于他的整理，加之后来不断地思考和丰满，老王才有了自己一套所谓的"投资理论"。当时老王在感动之余，也不禁感慨，好记性真的不如烂笔头啊。所以当脑海里有这些精灵出现时，老王第一反应就是，无论如何也要提笔将其记录下来，毕竟老王已经"奔五"了，如果再不留下点东西，可能就真的留不下什么了。

　　提笔很难，但一旦笔提起来了，也就放不下来了。近五个月的时间，老王只在双休日和节假日让自己放松，工作日都是日更一篇，绝无断更。这期间，老王和这些杂谈也经历了一个变化的过程，理解了这个过程，就更能读懂老王蕴含在这些杂谈文字中的某些东西和情绪。

首先，从内容上看，这些杂谈一开始围绕企业运营和管理提出老王自己的建议和意见，而后扩展到老王自身所处的股权投资领域，再后来又对生活中的琐碎点滴念叨不停，所以内容上会比较杂乱。既有专业知识普及、行业研究、案例分析，也有情感交流、人生感悟，乃至情绪发泄，简单说来就是一锅大杂烩。

其次，从顺序上看，每一篇都基本独立，相互之间没有很强的前后因果或者时间线，所以顺着看、倒着读、跳着选，只要您喜欢都没问题。这本杂谈集更像是命题作文集，老王只不过在规定时间内连续写了一百篇命题作文，并且坚持做到日更不断而已。

再次，从读者对象上看，一开始老王只是写给自己看的，主要想给自己留点痕迹；在朋友圈发布后，效果不错，就开始写给项目老总们看，以后有问题就直接让他们翻杂谈好了；再后来，投资圈外的朋友想看的呼声也日益高涨，特别是不少朋友看了杂谈之后还亲自登门，老王惭愧之余，就索性对所有人畅所欲言了。读者对象的变化，致使老王文笔文风上也有所变化，比如从最开始的严谨到后来的各种随性和吐槽。

最后，从目的上看，老王最初分析案例或者直接给出结论，都还是想要把自己认为正确的经营管理理念传递给项目老总，到后来畅谈人生理想之时，老王已经开始剖析自己了，将自认为正确的做人做事理念毫无顾忌地和盘托出，甚至情绪到的时候，还能写出朋友们口中的"爽文"。这一点在后期尤为明显，因为那段时间老王工作中确实经历了一般人不太容易碰到的黑天鹅事件，所以老王也不能保证在那种情绪下写出来的杂谈对您就一定会有帮助。

老王的习作上一次被铅印，还是在老王读高一的时候，差不多1991年那会儿吧。那时奔腾386电脑都算是高级货了，考试卷子还都是用铅字在油蜡纸上排版，然后用油墨一张一张印出来的，所以能在用铅字排版并且油印出来的校刊上登上一篇文章，简直就是光宗耀祖的事，不知被多少同学羡慕。虽然后来读研时也在杂志上发表过论文，工作后也接受过财经类媒体的采访，而互联网上与老王相关的报道更是能查到一大堆，但在老王内心中，仍然对第一次作品的刊印记忆非常深刻，就如此刻将杂谈百篇汇总成集一般，兴奋憧憬和惴惴不安的心情交织着，一起构成了老王人生中最重要的记忆。而这时您低着头、面带微笑地、轻轻地翻动着这本书，则是最美的画面。

目　录
CONTENTS

01

战 略

　　最近读了姚尧的《笨蛋，问题在战略》，对楚汉争霸有了全新的认知。楚霸王并非史书上力拔山兮和挥泪斩姬的鲁莽之辈，其政治智慧并不低于刘邦，在战术层面上，甚至可以说是那个时代的佼佼者，但最终却输在了秦郡县制取代周分封制的大势上，战略上的失误是再多战术上的胜利都无法弥补的。同时老王也深深感受到了，史书与教科书、精读与泛读之间的差距。这段时间因为疫情在家，使得老王也有了大把时间来好好复盘一下过往十余年间的工作经历和所投项目，对自己也来一场"精读"，看看能读出啥结果来。既然老王自我复盘的灵感来自姚尧的《笨蛋，问题在战略》一书，那老王的开篇也谈谈"战略"吧。

　　老王和项目老总们聊的话题，十之八九是围绕战略展开的。

不是因为老王战略研究的水平有多高，而是老王投了那么多项目，就算没吃过猪肉，但总见过不少猪跑呀，加之和那么多的项目老总关系都还不错，他们做出的那些或正确或失败的战略决策，其背后的内幕老王都能了解得比较清楚，所以关于"战略"的话题，老王自然有无数案例和论据可以信手拈来。年轻的投资经理经常会向老王求教，说：王总您怎么能在短短的个把小时之内就让初次见面的项目老总折服？老王的秘诀其实很简单：你和我谈战术，我就和你谈战略；你和我谈战略，我就和你谈另一个行业的战略。这样老王就永远不会输。

老王一直用"抬头看路"和"低头走路"来比喻战略和战术之间的关系。

首先，战术就像低头走路一样，只解决眼前五米之内的问题，路上有个坑该怎么跨，横着一棵树该怎么绕，堵了块大石头该怎么挪；而战略，则像是在十字路口选方向一样，这时倘若还低着头看眼前五米的话，就会出大问题了，也许五米之内的康庄大道在一公里之后就变成了悬崖峭壁，而眼前的泥泞小道没准儿五百米后就是美丽的海滩胜地。所以到了十字路口一定要抬头，这就是战略。

其次，战术上，老王比不过那些在一个行业里深耕几十年的项目老总，没法深入探讨诸如销售策略、产线扩能、研发进度之类的话题，谈这些老王就输了。所以老王只会谈战略，只会告诉项目老总们，有没有到十字路口，是不是要抬头看看路了。老王自己总结了三个需要抬头看路的关口：第一，企业遇到瓶颈的时候，再怎么堆资源但业绩就是上不去；第二，企业要跨界的时候，不管是往上下游产业延伸，还是横向跨个行业；第三，企业准备拥抱资本的时候，或者融资，或者上市。在这三个关口上，战术一般都会失灵，这时就需要企业家们静下心来多抬头看路，用战略思维来思考了。

再次，战略问题，可不是一时半会就能想清楚、弄明白的，也不是搞个专家座谈会或请个咨询机构就能解决的。那种请国外机构来数羊并抱走两只羊作为酬劳的西式咨询模式，忽悠自己、意思一下也就可以了。真刀实枪地战略性思考还是得靠项目老总自己，一是得下决心，二是得充分调研，三是最后的措施得接地气。

最后，有的项目老总担心决策失误，所以迟迟不敢决策。老王要说的是，除非智商情商下线，否则所有决策都是既有条件下的最优选择，就像"一加一等于二"那样简单。那为什么决策还会有好坏之分呢？关键在于影响决策的信息是不是充分和真实，只有那些不充分的信息、失真的信息才会导致决策失误。只有站得高、看得远，最后才能判得准。就像老王自己从事的股权投资业务，尽职调查和投后管理中的信息披露是否充分，直接决定了投资和退出决策的正确与否。

老王有个项目（以后会经常以这句开头），主业是为综艺节目做网络宣传推广，副业还有一部分网红业务，融资完成后就开始了所谓的战略调整，跟风砍掉了当年还未有起色的网红带货业务，重金布局了综艺节目制作。三年后的今天复盘时发现，当年这波神操作给生生做反了，一是没有预判到现如今直播带货的风生水起，二是虽然预判了娱乐行业的下滑，但因为过于自信还是一头砸进了综艺节目制作的深坑。战略选择的错误，导致的结果就是老王的项目库里多了一个问题项目，同时也让老王前面总结的战略关口从两个增加到了三个，多了个"跨界"的关口。老王对项目的投资自然也是打了水漂，就权当交学费了，只是这学费真心"贵"。

02

管 理

　　管理可是门大学问。老王本科和硕士都是在上海大学经济管理学院念的，整整七年半的时间，老王可都是与各类经济、金融、管理类相关的课程一起度过的。老王还清楚地记得，那时有两个研究生同学，因为对某个管理学理论有不同见解而打起了擂台，各自投稿某知名财经杂志，文章居然还双双入选刊登，成为那一届研究生班的传奇人物，其中一位后来还成了上海一档知名财经节目的主持人，也曾红过一时。老王那时就没那么努力，跟大家一样抱着"做一天和尚撞一天钟"的想法混吃等死，自然也就没有红过。但毕业后做了投资人，十多年来天天和一堆项目老总混在一起，既见过管理几千号人有条不紊的，也见过十几个人都管不好的，老王慢慢也就能理论联系实际，对管理学也有了自己的一点见解，所以今天就稍微说说管理中的"管人"这件事，如有偏颇，那就是老王水平还不够，大家就当笑话看看好啦。

第一，对于如何管人，老王喜欢用"马拉车"做比喻。八匹马拉一辆车，只有劲往一处使，车才能跑起来。对人的管理，也是一样。不能与公司方向一致的，必须处理，要么挥鞭子敲打使其回到正道上，要么就挥泪斩马谡。不处理，跑偏的马不仅会把车带偏，而且这样的马力量越大，翻车的概率就越高。人才是难得，但也得三观相合才行。不少项目老总只懂得前半句，后半句往往要付了高昂学费才能感悟到。

老王有个项目，做电竞的，为了业务发展引入一高管。该高管是国内最早一批电竞赛事的国际冠军，业内资源丰富，而且为了做到人尽其用，项目公司甚至给出了业务单元承包的方式，让其在一定的前期投入范围内独立运作，可谓是下足了血本。没想到的是，该高管虽然资源丰富，但没在大公司待过，不仅办事不守规矩，行事风格也与公司格格不入，各种业务提案更是激进冒险，最后业绩没起色不说，还出现了道德风险，把公司的大笔资金给挪用了。好在公司事先与其签署的业务承包协议中有类似业绩对赌的条款，最终通过法律手段挽回了部分损失。资金虽然能够挽回，可时间成本是实实在在损失掉了，耽误了公司整整两年的发展。

第二，要分清头马和挥鞭人。头马是马中的战斗机，是要带着群马往前狂奔的；挥鞭人则要死死把住方向，不能跑偏，更不能翻车。企业在研发、生产、销售等不同阶段，各个CXO（电商企业首席惊喜官）都会阶段性地充当头马。当然企业规模小的时候，或者在某一发展阶段时，项目老总（挥鞭人）自己也会阶段性地充当头马。但是请记住，头马是头马，挥鞭人是挥鞭人，不能胜任头马的时候，挥鞭人就必须坐在马车上好好地挥鞭。高校和科研院所的科技孵化项目中，相当部分的失败，就是败在这点上。科研人员出身的挥鞭人，一开始就以头马身份下场，然后处处当头马，力使不上，鞭也挥不对，结果自然是人仰马翻。

老王这里也有个例子，某项目是做艺人粉丝管理的，其创新的业务模式当初深深地吸引了老王，但后来证明光有模式创新是不够的，挥鞭人的管理能力更重要。这个要了老王命的挥鞭人，不仅鞭子没挥好，还没有配齐拉车的马，更不断亲自下场做头马，于是公司现金不断消耗在了新业务上，前面谈到的问题都在他身上完美重现了一次，项目最后的结果自然是一败涂地。这个教训花了老王整整3000万元，就一个字，痛。

03

团 队

　　"投资就是投人""一流团队卖白菜也能卖出上市公司",这类论断一直是投资成功学中的金句。是不是金句,老王无法下结论,但有一点可以肯定,那就是当投资遇上了不靠谱的团队,结局一定是非常悲催的。老王所投的项目组合里也有几个项目就是因为团队出了问题,最后导致进展不顺甚至项目本身出了大问题的。这些出了问题的例子暂且按下不表,今天还是先秀几个老王自认为不错的团队,大家可以从这些团队身上去品一些东西出来。

　　第一个项目,该公司从手游起家,后涉足数字营销、直播带货和电子竞技,然后把电子竞技板块分拆成一家独立公司。两家公司目前都在积极筹备上市。分拆是个有意思的事,让老王的一笔投资像变戏法一样变成了两个厉害项目。团队也很有意思，初创的三人和后来加入的两人，个个都是牛人，而且老王投资时五人的股份十分平均。"股份平均＋都是牛人"这样的组合通常会很快让项目陷入内耗而"扑街"，但幸运的是，这个团队有三个特点。一是，团队里有一个精神领袖，也就是所谓大哥，而且大哥思路清奇，不断加码自身的社会影响力和头部资源，和其他业务牛人错位发展；二是，随着公司业务不断扩展，业务板块独立，原来八匹马往不同方向拉车的问题得到了根本解决，每个牛人各管一摊，每一摊都发展迅速；三是，团队整合能力奇强，能深度整合包括股东在内的资源。老王出钱又出人，不仅在六年前投资了他们，还在三年前帮他们成立产业基金，现在又出面帮他们推进电竞板块的三家公司合并事宜，痛并快乐着。

第二个项目，该公司从数字营销起家，中间经历过游戏公会、公众号业务，目前以直播带货为主业，现在已被一家上市公司成功并购。老王一度也被他们不断变换的主业吓得心惊肉跳，生怕哪天这项目就变没了，好在团队实在凶猛，一路带着老王杀出重围，成功上岸，收益嘛，还不错。这个团队核心有两个人，董事长擅长资源整合，CEO 属于业务狂魔。团队特点也很明显。一是分工明确，尤其是在被并购过程中，董事长基本不参与业务而全力冲刺资本市场，业务则由 CEO 全权负责。二是团队超级牛，异常凶悍。董事长为拥抱资本市场，压上全部身家，并购事项一直谈到第三家上市公司才终告功成；CEO 在业务上也高举高打，每次主业转型后都能在短短数月内就把自己砸成行业内头部企业，让老王等见过大世面的人都瞠目结舌。

第三个项目，该公司一直是影视版权领域的领头羊，也是新三板企业，最近刚完成新一轮融资，下一步准备冲刺创业板。最近团队在布局直播带货，老王也在帮他们整合相关资源，为未来五年寻找新的利润增长点。和前面两家相比，这个团队没那么厉害和凶猛，胜在四平八稳，利润也妥妥地达到了亿级水平。但这个团队和前面两个团队具有的相同特点是：一是有一个能一锤定音的领袖人物，实控人地位非常牢固，不仅是股权层面，而且能牢牢把控整个公司的业务运营；二是和股东沟通顺畅，且能整合股东资源。实控人遇到重大事情基本都会和老王通气，有时候老王的意见还会起到很重要的作用，也正是因为如此，老王后来才会不遗余力地帮他们打造新的业务板块。

从这三个项目中，老王自己总结出一些共性的东西：首先，团队都要有领军的灵魂人物，领军的灵魂人物不在于其拥有的股权多寡，而在于能否一锤定音，比如第一个项目的带头大哥，他持有的股份和团队其他成员一样，但就是能服众；其次，业务大多由牛人操持，而非领军人亲临一线，比如第一个项目和第二个项目，实控人都在资本运作层面发力，具体业务都由各个合伙人在发力，第三个项目的实控人虽然亲临一线，但也懂得该放权时就充分放权，否则蒋中正就是个很有意义的反面教材；最后，团队必须和股东沟通无碍，既报喜也报忧，既要股东的钱也要股东的人，在这方面，三个项目都做得非常好，老王很是欣慰。

　　那如果没有上述特质的团队，要怎么搞呀？好吧，老王被你问住了，那就不搞呗，爱谁谁。

04

民主与集中

　　如今股权投资是越来越难做了。好项目不缺钱，缺钱的项目又看不上，偶尔有优质项目放出融资机会，又常常阴差阳错地捡不了漏，所以做股权投资，除了基本功要扎实以外，还要看老天爷赏不赏脸，给不给饭吃。即使老天开眼，真让老王碰上了好项目，老王也还是得使出浑身解数才能拿下，原因无他，因为好项目也开始挑投资人了。这也能理解，投资就和结婚一样，穷的时候找个有钱人结婚就成了，可当自身条件好的时候，不找个门当户对、志趣相投的如意郎君，难不成还要委身穷得只剩下钱的土老板？所以老王使出浑身解数，就是要让好项目明白，老王就是那个如意郎君，而不是土老板。

　　为此，老王花大力气打造了"总裁峰会"平台，每年把被投资企业的项目老总召集在一起，请发展得比较好的项目老总上台讲讲心得、谈谈体会，再把类似行业的项目老总聚起来商谈有无合作可能，顺带吃吃喝喝，联络感情，营造大家庭的氛围。当然，老王一定还会邀请拟投资的项目老总一起参加这个"总裁峰会"，让其提前感受和融入这个大家庭。还别说，效果真不错，除了被投资的项目老总对这个能混吃混喝的平台纷纷点赞外，拟投资的项目老总参会后基本也都敞开怀抱，拥抱老王了。所以"总裁峰会"也就渐渐成了老王做股权投资不可或缺的重要依仗。

老王的"总裁峰会"一般每年搞一到两次，几年下来也做了十来次了。项目老总参会的最大收获其实就是对经营企业感悟的分享。尤其是被老王请上台交流发言的那些项目老总，其分享的经验都是堪比 MBA 教科书的经典教案。一般情况下，老王都是请那些发展比较顺利的项目老总上台，毕竟分享成功更快乐。但有一次峰会，老王却请了一位项目老总上台分享他的失败感悟，肺腑之言非常精彩，不仅引起了台下绝大多数项目老总的共鸣，也深深震撼了老王，以至于在相当一段时间内，老王逢人便要唠叨和转述这些感悟。

这个项目是老王自立门户后投的第一批项目中的一个，也是老王目前为止估值最高的一个项目。该项目是做电商平台的，老王投资的时候它已经是仅次于淘宝、京东、唯品会等第一梯队之后的第二梯队的领军者了，其核心优势明显，即"买手优选＋下沉三四五线城市"，高峰时，成交金额（GMV）每年都可以加个零。但生不逢时啊！没过多久，拼多多横空出世、后来居上，一通"社交电商"的王八拳把老前辈们打得落花流水，这个项目自然也没能逃脱厄运。那么，问题来了——既然看到了社交电商的崛起，为什么不跟进转型呢？这就是这位项目老总一口血、一把泪哭诉的重点了。他不是没有考虑过转型社交电商，而且以当时项目的基础和条件，完全可以跟上拼多多的步伐，努力一把、再机灵一点，甚至可以在某些领域形成自己独有的优势。为此老总还召集高管们开了个闭门专题会，但出乎老总意料的是，除他以外的其他所有副总没有一个认可社交电商的，而且提出了一大堆让他无法反驳的理由，结果把拥抱社交电商的动员大会，活生生地开成了批判项目老总冒进的批斗大会。于是项目老总犹豫了，准备再等等、再看看，然后就没有然后了。于是在"总裁峰会"上，这位老总在总结陈词时说出了那句震撼老王的肺腑之言："要警惕身边的副总啊！"

细想一下也在情理之中，因为有句话叫"屁股决定脑袋"。那些副总们的屁股其实是坐在部门利益上的，是为各自部门来划分公司既有资源的，而转型就意味着公司既有资源往新业务倾斜，原有的部门利益都会受到影响，市场费用预算少了、销售提成减了，也就难怪没有一个副总支持转型。相较之下，也只有企业的实控人才是真正站在企业的角度来考虑问题的，这个时候就特别需要实控人以大智慧来找准方向，以大魄力来一锤定音。可惜我们这位老总只有大智慧，关键时候缺了大魄力。

所以老王要反复唠叨：项目老总在决策时要平衡民主与集中，战术决断可以民主，但战略决策必须集中。因为，项目老总的屁股坐的地方确实和其他人是不一样的！

05

分 拆

老王有个项目，是做电竞的，是从老王投的一家手游公司里分拆出来的，现在正在筹备独立上市。《团队》那篇杂谈里提到过，大家应该还有印象。其实老王分拆过不止一家公司，而是好几家，当然比较成功的也就这家可以拿出来说道说道，其他的不提也罢。今天就说说这戏法怎么个变法。

变戏法的逻辑还是要有的。就这个案子来看，首先，电竞业务最早落地于线下网吧，是用来为母体公司的手游业务线下导流的，后来渐渐发现，为网吧服务也能成为一个业务板块独立发展。其次，母公司二轮融资时，有的投资人喜欢手游业务而不想要网吧业务，有的投资人则只看中网吧业务，投资人的分歧为母公司融资增加了难度；最后，母公司主营业务是盈利的，而电竞业务尚在亏损阶段，在财务指标上拖累了母公司。所以分拆势在必行，结果也皆大欢喜。母体公司以盈利状态获得了更高的估值，而分拆出来的电竞项目也获得了以老王为代表的慧眼投资人的亿元级投资。

变戏法的手法很多，但还是有几条底线。

第一，业务独立性。分拆出去的项目必须有独立性，业务不能与母公司有冲突或有关联，如果实在无法避免关联，那么关联交易也必须符合市场公允的原则。否则就没有分拆的必要，即使分拆了，独立性有问题也会影响项目未来与资本市场的拥抱。

第二，保障原股东利益。分拆时无论是采取新设主体公司的方式，还是先子公司后转让股权的方式，都要确保在分拆出来的主体原股东的股权比例与在母公司是一致的。这就是所谓的"股东平移"。当然，分拆出来的主体可以适当预设期权池来吸引新的团队成员加入。

第三，处理好资产。项目分拆前要么在母公司孵化，要么是母公司的子公司，母公司都有不少的前期投入。其中钱和实物还好算，知识产权、合同订单等则是剪不断理还乱了。但再怎么乱，也必须在分拆时算得清清楚楚，切割得干干净净。

第四，核心团队的独立性。母公司的核心团队哪些人随项目一起分拆出去？这些人和母公司的关系又怎么处理？当时老王也是费尽口舌，胡萝卜加大棒，才终于把这些问题理顺当。原母公司的五名核心成员中的两人被分拆出来，而另外三人留在母公司，并且约定，拆出来的两人在母公司只做股东，而留在母公司的三人在电竞项目里也只做股东。虽然他们五人在母公司和电竞项目中的股权比例上是一样的，但是各自的权责利却是不同的。更重要的是这几位都很有大局观，至今也没有发生内耗事件。结局完美。

分拆可以解决很多战略层面的难题。比如八匹马拉偏车的困境。马拉偏了？没关系，给它辆小车单独去拉。再如跨界挑战，想跨界又怕影响主业？没关系，在主体之外弄块试验田试试呗，万一成了呢。但也不是什么公司都能说拆就拆的，最起码你得有能拆的东西呀，得看业务、资产、团队是不是够拆。当然最最关键的还是股东得支持，否则就要产生道德风险错误了。

老王建议先让拟分拆的项目以子公司形式存续一段时间，然后以股权转让方式将母公司持有的子公司股权按比例转让给母公司的原有股东。好处是：首先，相较新设公司而言，不需要原股东再支付一笔费用；其次，股权转让应发生在子公司净资产为负的阶段，这样转让成本可以低至零，也没有任何税费压力；最后，历史沿革、业务逻辑、与母公司关系清晰，有利于后续资本运作。

06

合 并

"合久必分，分久必合"，这事在老王的项目组合里也发生了。还是前面那篇《分拆》中提到的电竞项目，这次项目要"搞事情"了，计划合并另外两家公司，组团去上市。这波操作有点神，老王有点懵。

故事是这样的，老王有一个文娱产业基金，投了一堆诸如游戏、电竞、数字营销领域的项目，其中就包括那家电竞项目，同时还有一家游戏公会运营项目和一家游戏手柄外设项目。三个项目情况大致如下：第一个是电竞项目，项目概念好，主攻线下网吧和电竞赛事，年利润为 2500 万元左右；第二个是游戏公会项目，项目属于劳动密集型，概念一般，但收入和利润水平高，利润高的时候甚至可以达到每年 5000 万元；第三个游戏手柄项目，团队研发能力突出，但经营能力太差，能最早研发出行业爆款产品，但钱却都让同行赚去了，这个项目可没少被老王吐槽。

老王文娱产业基金的合伙人是个能折腾的主，有一天他突然脑洞大开，说这三家公司如果合并在一起，不就是电竞行业里第一家盈利过亿的公司吗，妥妥的头部大牛啊！然后老王和合伙人就开始分析合并的可行性，发现居然没有任何违和感：业务不冲突，概念和利润都可以互补，而且电竞行业目前几乎没有盈利的公司。

说干就干，但干了以后才发现那都不是人干的活。细节不去说了，接下来就谈谈之前没想到的坑吧。

首先，推手地位要高。原本以为是电竞项目合并另外两个项目，就想当然地让电竞项目团队去操盘了，结果两个多月愣是没有一点动静。后来才发现原来是推手地位不够惹的祸。这就跟邦交一样，再小的国家，那也是个国家呀，哪有让别国领导人对自己的国家指手画脚的份。于是三家把老王请出来主持一下，这下就顺了，毕竟老王是他们三家的股东，说话好歹得听一听不是。现在终于理解了为啥之前几个知名的教科书式的合并案都有资本推手在里面了，没有强势股东，合并这事根本成不了。

其次，合并比分拆要复杂得多。分拆只需要搞定一家公司的股东，一个团队，属于"内部矛盾"；而合并涉及多家公司的股东和多个团队。各人有各人的想法，于是合并的复杂度呈指数级增长。而且这些人都是混迹江湖多年的老手，正话反说，话不说透，还让你猜。还好老王脸皮厚，该说的不该说的都替他们说了，然后就能沟通了。

最后，全是技术活。老王那个能折腾的合伙人特别能给团队打鸡血，前期的大饼画得让三个团队和三家公司股东都激动得嗷嗷叫，但具体合并方案迟迟不能落地，不是精力不够或能力不行，实在是因为太复杂了。三家公司怎么估值定价？原来不同的 PE（市盈率）倍数如何调整？团队怎么合并？三家业务怎么整合？新团队的业绩怎么确定？新团队业绩对应的期权池怎么设计，又如何释放？等等。好在老王经验还够，还能慢慢应付。

现在项目进展还比较顺利，也有不少地方政府闻讯而来，想把项目招商过去，一切都在往好的方向努力和发展。等有了好的结果，老王再和大家就合并的话题好好唠叨唠叨，老王这里还存了不少干货咧！

07

对 赌

说到"对赌"，不光项目老总们会头疼，老王这样的投资人也会头疼。项目老总之所以会头疼，是因为他们内心对"对赌"普遍有反感和抵触心理，但为了融得资金又不得不违心接受，感觉像签了"卖国条约"一样，一边拿着老王等资本家们给的钱，一边说不定还在画圈圈诅咒吸血鬼们的贪婪。投资人头疼的则是，一旦没有"对赌"，少了那把悬在项目老总头顶的达摩克利斯之剑，项目老总的道德风险将大幅增加，投资人的风险也将急剧上升；但有了"对赌"，市场上不明就里之人或有心之辈又会拿"对赌"来说事，给投资人贴标签，称之为"只要收益不担风险"的保险投资。在过去几年的司法判例里，也分别有支持和不支持"对赌"的案例，直至最近几年，股权投资的理念和逻辑日益为大众所接受，司法界对由"对赌"引发的纠纷的判例也日趋统一：对于投资人与实控人之间的"对赌"按"立约自由"的原则予以支持；对于投资人与公司之间的"对赌"，则依据具体情况来判断。今天老王就给大伙唠叨唠叨"对赌"这件事。

对赌，在投资界有个正式的名称，叫"估值调整机制"（value adjustment mechanism，VAM）。它往往和业绩承诺相对应，是在承诺没完成情况下，也就是货不对版的时候规定该怎么办。如果要往复杂里解释，老王能给你写出一篇万字论文，但杂谈里，还是简单点好。其实生活中就有个非常形象的例子，一说大家就明白了。大家都去过菜市场买过猪肉吧，如今生活条件好了，咱就挑一份一百元一斤的高档货吧。称一斤猪肉，付一百元，银货两讫。可回家再一称，乖乖，这一斤猪肉短了分量，只有七两。换成是你会怎么办呢？当然是立马杀回肉贩子那里，要么补三两肉，要么退30元钱。这还是在肉质没啥问题的情况下，如果肉质再出问题，那就不是退钱补肉的问题，而是直接退货了。如果买肉的是"刁民"，说不定还能向肉贩子"讹"个精神损失费啥的，老王都能想象这无良肉贩子的心理阴影得有多大了。大家细品一下，投资是不是也是一样道理？投资人花钱买了项目明码标价的股权，后来发现项目业绩有水分了，货不对版了，是不是也要找企业家理论理论，该退的退，该补的补？这老百姓都明白的道理，怎么到了投资这里就行不通了呢？

也许有人会问老王："那对赌不是违背了风险和收益对等的

PE 就是基于利润来计算的，成长快则 PE 倍数高一点，成长慢则 PE 倍数低一点。

第二，没有利润，甚至没有收入的企业怎么估呢？其实也简单，让企业把未来业务一直规划到盈利为止，然后回过头再来谈现在值多少。这里面的逻辑有两个：一是企业总得有一天能赚钱吧。一直不赚钱的企业也好意思出来融资？二是投资人不是来扶贫的，可以容忍企业现在不赚钱，但对价就是企业将来某一天得赚大钱，而且这一天还不能太遥远。如果说企业要等上十几、二十年才开始赚钱，这就过分了啊。

第三，还有一种以业务里程碑为考量的估值体系，比如生物医药，在临床前有一个估值，然后每一期临床通过了估值都会往上大幅跳一跳。但这种里程碑式估值有一个不可忽视的基础，就是资本市场上有一批投资机构负责不同里程碑阶段的投资，俗称"接盘侠"。生物医药领域最后的接盘侠就是世界知名大药企，这个还算靠谱。回过头再看看国内那些风口上的互联网企业，最后接盘侠是谁呢？ BAT ？美股韭菜？好像都不靠谱吧。所以想采取这种面向 VC（风险投资）& PE（私募股权）模式的估值体系，且先看看清楚资本市场上还有哪些接盘侠在，否则被石头砸脚的滋味是很酸爽的。

对投资人而言，能以低成本拿下心仪项目，除了靠资金实力、自身品牌、良好业绩和资深人脉外，更多的还得用"增值服务"来打动项目实控人，诸如产业赋能、技术嫁接等，而且这种增值服务还真得拿得出真材实料才行。比如老王曾经投资的电竞项目，就帮老王以远低于市场的价格拿下了一个围绕线下网吧开展网络维护服务的互联网项目，就因为老王的电竞项目已经圈了近5万家线下网吧了，这是多诱人的一个资源呀，诱人到对手已经不太计较估值了。

这对项目老总来说，就需要好好想想下面的问题：

首先，讲故事是抬不起估值的。只有在现实很骨感的情况下，才需要通过讲故事来丰满，投资人也就听听不会太当真。就好比螃蟹上绑着的绳子也拿来当螃蟹的价格卖，投资人睁一只眼闭一只眼，意思意思也就算了。但如果一斤螃蟹里面有八两都是绳子，那就过了。所以讲故事要适度，要把更多精力放在投资人感兴趣的点上。因为投资人愿意投资你，那在你身上一定有他看中的点，找到那个点，围绕那个点实事求是地做文章才是正道。

其次，要价高未必是好事。记住，投资人是要回报的，必须给投资人留下足够的盈利空间。比如同一家企业，投资人A给出的估值是5亿元，投资人B给出的估值是8亿元，如果你是项目老总，会怎么选？如果没有任何附加条件，老王也会选估值高的那个。但现实中，投资人都是有心理预期的。假定A和B都预期1倍的回报，如果企业做到了12亿元市值，那投资人A给你的会是笑脸，因为你表现得很优秀了，超出了投资人A预期回报的10亿元；而投资人B则会把对赌的大刀向你头上砍来，因为你没有完成业绩承诺，离他预期回报的16亿元还有整整4

亿元的差距呢。这时如果有月光宝盒能回头再来一次的话，你还会选价高的那个吗？记得老王的前东家有个项目，刚过投委会，就被其他机构以高出 50% 的出价给截和了，那时项目老总解释"不能跟钱过不去"，后来项目不顺，被那家机构上门执行对赌协议后，项目老总的话就变成了"早知道就拿你们的钱了"，可这世上哪有后悔药呀。

09

小股东

跟股东相处是门学问，尤其是项目融资过程中不断加入的股东们，身上或多或少都有资源，能不能既拿股东的钱又要股东的人，就十分考验项目老总了。

老王这里先拿两个案例给大家品一下。

第一个案例发生在十几年前，那时候老王刚入行没多久，还是一个小小的投资经理。当时这个项目有一个极其难搞的个人小股东，大概有10%左右的股份吧，还在公司担任过一段时间的总经理，后来因为业绩不好及挪用资金被董事会解聘了，然后此人就开始各种搞事情，严重干扰到公司的正常经营和融资进展。于是项目老总和其余股东配合，来了波神操作，按各自原有股权比例另外注册了一家公司，把主营业务以很低的价格全部转移到新公司，而原来公司就变成了空壳公司任那个小股东折腾。这招金蝉脱壳把那个小股东直接搞懵了，最后只能不停上访，理由是有国有资产流失嫌疑（老王的老东家属于国有性质），要求查办。但最后还是不了了之了。

第二个案例就发生在 2020 年年初。某个项目因为扩张过猛，很快就把从投资人那里融到的将近一个亿的资金都烧完了，项目老总又自掏家底拿出 700 多万元借给公司，并且加强了成本管控，于是现金流缺口也慢慢开始收拢，眼瞅着春节过后就能现金流为正，没想到遇到新冠疫情，直接把项目一巴掌拍死了。老王以为节后会收到项目关门清算的通知，也做好了心理准备，可没想到等来的却是一波神操作。首先，项目老总宣布，准备债转股，把他个人借给企业的 700 多万元转成股权。乍一看，没毛病啊！接着，项目老总宣布，债转股的价格按注册资本来，其他股东可以按这个价格同比例增资，当然也可以放弃。这波操作一下就亮瞎了老王的钛金眼，这意味着其他股东要么跟着再出一笔钱，要么坐等之前的出资打一折。这样霸气十足的操作逼得原有股东几乎都跟进了投资，一方面当然还是看好公司的长远发展，另一方面这打一折的"促销"力度谁也吃不消呀。结果是企业再次获得了熬过疫情所需的千万元资金，大喘了一口气。其他投资人心里怎么想，老王不知道，反正老王是先当面把项目老总骂了个狗血淋头，然后咬着牙掏了钱。

这两个案例都是项目老总和小股东之间博弈的真实写照。当然要细究的话，都有可以继续探讨的地方。第一个案例也就只有在十多年前有可能发生，如今，修订后的《公司法》对小股东利益保护得越来越全面，注册新公司转移资产的情况已经不太可能再出现了。第二个案例发生的背景有点特殊，一是疫情影响，二是业务还是向好发展，三是项目老总也并无私心，所以股东们也就捏鼻子认了，否则投资协议中的反稀释条款可不仅仅只是纸上谈兵。这两波操作，尽管都达到了项目老总想要的结果，但却是以牺牲股东信任为对价的。这其中还有许多值得项目老总去思考的地方。

在和股东沟通上，老王的经验是，项目老总要把握好以下分寸。

首先，沟通一定要顺畅。信息不对称往往是不信任的开始。老王见过好几个投资失败的项目都是从信息不对称开始的，报表收不齐、老总约不到……这些都是项目失控的前奏。

其次，不能只报喜不报忧。不要以为报忧会吓着投资人。都已经是股东了，都已经和项目老总坐在桌子同一边了，投资人是不会跑掉的，而且也只有忧才能促使投资人去发挥他的资源和能力来帮项目老总一起解决问题。如果都是喜的话，投资人只能和项目老总一起吃吃喝喝，半点用也派不上。

最后，要主动勾搭投资人。既要投资人的钱，也要投资人的人，是要行动起来才有可能的。毕竟只有会哭的孩子才有奶喝，投资人有那么多项目，哪有时间天天围着你转呀？

10

财务顾问

财务顾问，一个神奇的机构，在一级市场频频闪现靓丽的身影。在项目老总眼里，他意味着一堆的"金主爸爸"；在投资人眼里，他是……嗯，好吧，他就是个中介机构。

一般而言，优质项目都是被疯抢的，很少有财务顾问发挥的余地。只有那些还差口气，或者项目老总宅到没有投资人朋友的项目，财务顾问才有机会晃动他的胯骨肘。老王作为"金主爸爸"，所投的项目几乎没有一个是从财务顾问那里递过来的，所以对财务顾问也就停留在"你好我好大家好"的阶段。但对需要融资又敲不开资本家朋友大门的项目老总来说，一个好的财务顾问确实作用很大。他能帮你梳理商业计划，能帮你筛选合适的投资人，能帮你做好与投资人的前期沟通工作。但能不能真正拿到投资人的钱，还得看项目老总和项目的质量，财务顾问是不包养儿子的。当然财务顾问收费也不便宜，通常按融资金额的1%到5%的比例收取。

以上都不是重点，老王真正要说的是，要警惕和财务顾问的合作中隐藏的腐败问题。哪里来的腐败呢？你想想看，当项目老总和投资人谈得差不多，就等着签协议了，投资人的谈判代表突然抛出一份财务顾问协议，说要收5%的财务顾问费，你是签还是不签？如果财务顾问协议合理还好说，如果极度不合理，一看就是要回扣那种，你签还是不签？老王有一个项目就碰到过这样的情况，项目老总和最近一轮投资人的关联机构签了一份财务顾问协议，不仅这次融资要付对应的财务顾问费，而且还约定后续融资都要付费，不管后续资金是不是这家机构带来的，还美其名曰"独家顾问"。这就明显不合理了。老王问其缘由，项目老总一脸无奈，不签这个"丧权辱国"的协议，这个投资人的几千万元资金就融不进来，在面子和里子之间，项目老总只能选择不要面子了。老王自然不能让这样的协议存在，于是和其他股东联合发力，终于把这不合理的财务顾问协议给撤销了。如果没有老王这样的股东们，企业恐怕真的要陷入无穷无尽的勒索中去了。

所以在财务顾问机构的选择和财务顾问协议的签署上，项目老总真的要长点心眼。

首先，慎用独家财务顾问，哪怕是独家也要有期限。约定期限内没有效果的就要换。就像前面提到的例子，老王真为那家投资人的关联机构的智商着急，他真的蠢到以为我们股东都像他那么蠢。

其次，财务顾问费用，一定要体现"按劳取酬"的原则。任何不按劳取酬的财务顾问协议，背后一定都有猫腻。

再次，财务顾问签署流程要规范。一是一定要以公司名义签协议，财务顾问费用支付也要走公司账。凡是要求项目老总以个人名义签协议的都有猫腻，当然项目老总愿意有猫腻的就当我没说。二是财务顾问费用的支付一定要合规。"按劳取酬"中的"劳"，要由项目老总、投资人来联合确认，也就是投资人要书面认可财务顾问的相关工作。这样一来可以杜绝财务顾问机构出工不出力，二来也可以防止投资人机构中的个人腐败行为。

最后，企业的股东名单中最好有国有股东，这样在合规性上就有了把控的余地，让那些准备腐败的人在动歪脑筋前要掂量掂量，纪检委的咖啡好不好喝。当然国有股东也有其不利的地方。这条意见老王提出来仅供参考。

有个项目老总曾征求过老王的意见，说一个知名投资机构的投资经理私下要他签一份明显属于回扣的财务顾问协议，问我签还是不签。老王当时就支招："签，但别真给钱。这种放不到台面上的协议，难道他真的会来跟你打官司，真的愿意公开？放心大胆签。"于是协议签了，融资顺利到位，投资经理后来真的拿着协议找来要钱了，老总没给，然后就没有然后了。贼还是心虚的。

11

行业和产业

三百六十行，行行出状元。把企业做成行业龙头和产业领军企业，应该是每个项目老总的终极目标。投资人也会把大部分目光放在那些头部企业身上，都希望把行业前三搂进自己碗里，或者投资组合中能够蹦出一家行业龙头来。但是前有狼后有虎，能脱颖而出的企业毕竟是凤毛麟角，都说自己是马云第二，但马云就只有一个。如何杀出重围，老王这里有两个案例分享给大家，希望有些启发。

第一个案例，是老王刚入行时的老东家的经典案例，也是千禧年最早的那批互联网项目。项目一开始做的是二手房门户网站，属于狂烧钱的那种。后来牛皮吹破没能挤上去美股上市的专车，结果就把自己给烧没了。项目老总跟老王回忆说，那时公司账上只有 8000 元了，他对所有员工说，你们回家吧，把能拿的都拿走，然后闭上了眼睛，等他再睁开眼时，还有那么几个员工坚定地留在公司，于是这批人成了他二次创业的骨干。故事很凄惨也很励志，不过这都不是老王感慨的重点，让老王觉得不可思议的是，他二次创业居然开挂了。由于做门户网站时服务了一批房产中介，所以二次创业后他们首先扫街，一家家中介去上门调研，最后还真找到了一个共性的刚需，就是二手房交易过程中的转按揭业务的"跑腿"。一套二手房转按揭业务完成至少要跑三次，一次卖家贷款行还贷款、一次房产中心办过户、一次买家贷款行办新贷款。资料繁复、手续繁杂，而且十多年前办事效率也没那么高，导致买方、卖方和中介排队都排得怨声载道。所以"跑腿代办"成功地成为他们二次创业的完美切入点。然后随着代办转按揭规模越来越大、效率越来越高，又研发了自己的转按揭系统平台与银行和中介机构对接，不出两年，他们就成为二手房转按揭这个细分行业的头部企业，估值那是噌噌往上蹿个不停。所以不要抱怨行业竞争激烈，容易赚的钱谁都能看到，难的是愿不愿意放下身段去赚那些没人愿意赚的辛苦钱，难的是能不能在夹缝中找准机会去创造属于自己的细分行业。

第二个案例，是老王投的一个项目衍生出来的。最初拓展业务时，也是准备做成针对 C 端用户的平台，但一来竞争激烈，对手都有十多年的积累，行业人脉资源丰富；二来项目负责人也年轻气盛，决策上难免有短板之处。所以业务开展很不顺利，很快就把预算资金消耗殆尽。后来也是痛定思痛，在产业链上往上游迈了一步，放弃 C 端转而为原来的竞争对手提供技术服务，2C 变成了 2B。这退一步就海阔天空了，对手变成了伙伴，业务也就蒸蒸日上，净利润增长高峰时都是按月翻番的。项目老总给老王总结时坦言："一是要认清产业链，找准定位；二是要认清自我和对手，以己之长克敌之短，而不是反着来做。"

对于产业和行业，老王还有以下观点，就不展开了，大家品品吧。

第一，产业没有朝夕。"朝阳产业"中有落后企业，"夕阳产业"中也有先进企业。所以不要太在意产业朝夕与否，关键还是要抓先进企业。

第二，就像"电"给"电器"以生命一样，互联网、物联网也赋予了传统产业新生（转型升级）。所以想清楚到底要的是什么，是电，还是电器？

第三，产业链下游的成本，其实就是上游的收入。眼睛不要只盯着产业链末端的收入，以为这就是天花板了，在产业链上往前或往后多走一步，就会海阔天空。

第四，高速公路上有多少个收费站无所谓，别人家的收费站再多再大也无所谓，但只要有一个是属于你的，你就赢了。产业优势何尝不是如此。

第五，没有蓝海，只有别人弃之不顾的死海；也没有风口，只有被人高高捧起的崖口。

第六，优势是用来转化而不是死守的。要抓紧将技术优势转化为产品优势，继而变成市场优势，最后形成规模优势。

12

扩 张

七八年前，老王家楼下曾经有过一家叫某某公社的连锁西饼屋，名字没记住，实在是因为这家店装修好了以后一直没开业，大门上的"铁将军"一直守到全家超市盘下这个店面。老王这才恍然大悟，原来这又是一家蹭风口的专坑投资人钱的项目，这店面根本不是用来经营的，而是专门"秀"给像老王这样的投资人看的。这可比"小蓝杯"（瑞幸）"高级黑"得多了，人家"小蓝杯"好歹只刷刷业务数据，这家好嘛，简单粗暴到直接虚假开店。在替投资这个项目的同行悲哀之余，老王也被吓得赶紧捂紧本就不厚实的钱袋子。

今天就来谈谈扩张。

扩张，就是生意做大了呗，要么就是模式复制，门店一家家地开；要么就是地域拓展，城市一个个地占。比如一家门店投入100万元，一年能赚回100万元，一年后用这赚回来的100万元开第二家门店，于是第二年两家门店就能赚200万元，再投入，第三年就能赚400万元了，如此往复，老王都能被10年后的利润给吓傻了——Oh my god，买它！假如老王一把砸下去1000万元，第二年就给我开出10家店，哪里还需要等什么10年，现在、立刻、马上就能飞黄腾达。很夸张是不是？！可当初在美股股民最天真的时候，你只需拿出最好的一家门店的数据，然后再告诉美股股民，你在中国有1万家这样的门店，美股股民就会自动脑补去做个乘法，然后给你一个高高在上的市值。但现在美股股民聪明了，刷门店的招数不管用了，这不"小蓝杯"又创新了刷业务数据，就算刷业务数据爆雷了，指不定今后还能刷其他指标呢。韭菜呀，就是拿来割的，一把刀割钝了，换一把就是了。再说了，韭菜就在那里，你不好意思割，别人可都红着眼候在那里。嗯，好像有点跑题了，赶紧收。可是为啥说到割韭菜，老王就这么兴奋呢？

前面老王啰唆了那么多，就是想强调一点，扩张要理性。

首先要目标明确。扩张，要盈利式扩张，要正向现金流式扩张。简单说，每增加一个店或一个点，最终都应该是盈利的，能形成正向现金流的，而不是扩张后给自己留下一个填不满的资金黑洞。扩张是为了增长业务、增加收入和利润，而不是为了说故事和忽悠投资人。

其次要会算账。除了能看到扩张带来的收入和利润增加外，更要看到扩张所带来的成本增加，要知道收入增加是线性的，而成本增加是乘数性的，特别是人的管理成本和物流成本；要算好手里的现金，能熬过边际效益由负转正的阶段；要清楚天花板在哪里，人还是要有敬畏感的，对市场的敬畏、对资本的敬畏，以及对人性贪婪的敬畏。

老王有好几个项目，都是栽在了扩张的路上。

第一个项目之前谈到过，项目老总用了一波骚操作，从股东那里抠了一笔钱，总算把命保住了。尽管被老王喷了一脸唾沫星子，项目老总还是挺钦佩老王的，因为所有股东里就老王一个人一直在反对他的非盈利式扩张。老王问他为什么当初没有把老王的话听进去，他不好意思了——"那时有点飘"。

第二个项目是一家做家政服务的。之前公司一直在摸索业务模式，定型后就开始在全国范围内扩张，是行业内第一家免中介费、免服务费的双免企业。业务扩张和融资步伐也一直没停过，直到有一天融资踩了个急刹车，加上疫情的扩大，结果资金没跟上，业务就崩了。老王现在也很头疼该怎么处理这家企业。

第三个项目之前也聊过，是做电商平台的。老王投它的时候，它的逻辑也很简单，巨大的买量投入换取巨量用户最终形成巨量 GMV（网站成交金额），等用户和 GMV 稳定了，省下的买量成本即是利润。理想丰满但现实骨感。后来发现，只要买量投入减少，用户和 GMV 就齐刷刷往下掉，这买量成本根本就不可能减少，边际效益也从来都没有转正过。老王只能眼睁睁地看着它的现金储备一点点消耗掉。

　　这三个项目还有一个共同特点，就是都曾是资本市场宠儿，融资金额都是以亿作为单位的，项目老总都是拿过大钱的，也都"飘"过。所以，老王最后请大家好好品品这个"飘"字吧，老值钱了。

13

现金流

老王的儿子现在自称为"隔壁小王"。小王同学太会算账，典型的貔貅，只进不出，老王表示很头疼。

第一，小王同学每个月有 500 元的零花钱，其中 400 元是每天花 20 元在放学回家路上打牙祭的，剩下 100 元就是看心情机动的花销。最近他又提出每个月要增加 60 元，理由就是上学是王太开车送的，但放学是自己坐地铁回来的，这地铁钱也得算上。好吧，这理由也说得过去。

第二，但凡老王或者王太差他买东西，从来都是整张纸币递过去没见零钱回来的，就算是在支付宝、微信时代，办事回来报账也都是整数，这些年也给他偷偷攒了不少下来。

第三，压岁钱更不用说了，每年收到的一堆"毛爷爷"，王太帮他转存银行时，死活要留1000多元现金在身边，说是身边没点钱心里不踏实，同时还盯着我们把银行转账记录发给他留存。

第四，唯一一次被老王放血，就是听老王说某个项目翻了多少番，小王同学不知哪根筋搭错了，主动要求拿出一半的压岁钱让老王替他投资，当时老王还一本正经地签了一份代持协议给他。后来项目有点不太灵光，虽然有老王给他的本金兜底，但每次说到他这人生第一次投资经历时，小王同学都会暗自摇头，自责自己当时都在想些啥呢，然后把钱袋子捂得更牢了。

老王忽然发现有些项目老总在算账这事上可能还没小王同学来得精明。小王同学会开源节流，更懂得量入为出，每个月的零花钱都有结余，是妥妥的正向现金流；小王同学也有过投资冲动，但知道撞了南墙要回头，也懂得不能梭哈（指赌上全部资产，孤注一掷），有点现金储备的意识；小王同学也是大方的，时不时会请老王一起吃个冷饮之类的，这也许就是钱包厚了之后的底气所在吧。

老王用了大半篇幅夸了一下自家的小王同学，就是想告诉大家，现金流没那么神秘和复杂，它不仅仅是三张报表里的简单数字，还是切切实实发生在我们生活和工作中的。尤其是这次疫情让那些现金储备不足的企业"裸泳"之后，相信项目老总们也会更重视现金流。

首先，项目老总一定要有正向现金流意识。财务三大表中，大部分人都会关注资产负债表和利润表，很少有人研究现金流量表，包括不少投资人。但项目老总必须清楚地知道现金流量表中的每一项变化。因为只有现金流为正，项目老总才能把心思放在更高的战略层面，否则就老老实实去解决现金流中反映出的问题，让企业先活下来再说。老王对问题项目的处理原则一贯很明确，只要做到现金流为正，一切都好商量，否则就"满清十大酷刑"伺候了。

其次，项目老总在制订未来发展规划时，不仅要预测收入和利润，更要在收入利润基础上推演现金流变化趋势，最好能细化到月度，通过观察现金流变化趋势来确定什么时点融资及融多少资金。因为融资早或晚会影响到资金需求规模，而资金需求规模又会影响到企业股权释放多少，不通过现金流分析这些问题都是没法回答的。现在很多项目的募资用途都是在列举研发投入多少、市场投入多少、人员工资多少、流动资金储备多少，老王一看就知道项目老总还是在用成本投入来考虑，根本就没有现金流意识在里面。对此老王就一个字：烦。

再次，上一条同样适合研究项目的投资经理们。想当年老王做投资经理时，一个拿手本事就是从一张空白的 Excel 表开始，帮企业按月规划出 3 ～ 5 年的收入、利润和现金结余表，而且这张表的参数可动态调整。然后老王告诉项目老总为什么要融资，该融多少钱，资金什么时候到位最佳。最后老王就顺利拿下了这些懵圈了的项目老总们。

最后，关于现金储备，老王的建议是要能保证公司 6 个月的正常开销，也就是公司在一分收入都没有的情况下还能挺 6 个月，因为一般的融资周期平均就是 6 个月左右。小王同学还有老王这个亲爹，撒个娇就能从老王这里抠出钱来。项目老总的"金主爸爸"们在哪里呢？撒个娇就能给钱吗？所以没啥好多想的，有钱就好好储备着，别乱花。

14

商业模式

投资人问项目老总的第一个问题常常是，你的商业模式是什么样的。甚至某位投资大咖还提出了"电梯理论"，大概意思是项目老总如果不能在一部电梯上下楼的时间内介绍清楚自己的商业模式，等电梯到了相应楼层，不用投资人拒绝，项目老总自己就可以出局了。这碗鸡汤很鲜，但不好喝。因为老王似乎从来没有遇到过一个符合"电梯理论"的项目老总，估计那位大咖只活在成功学里，否则按他这个标准找项目的话，业绩够呛。

商业模式，顾名思义就是如何做生意、怎么赚钱，有的时候也叫盈利模式。回答这个问题时，有的项目老总表达和总结能力很强，老王听得比玄幻小说还津津有味；而有的项目老总则东一榔头西一锤的，老王引导加胡猜也能听明白个一二；而最烦的就是那些反复强调某一个点上的优势，其他一概不谈，还不顺着你的思路来，真叫人"捉急"。老王有个项目，纯技术宅，无论开始时聊的是什么话题，最终都能被他带到技术上，如果不强行打断，他能跟你聊上一晚的技术；老王还有个项目，老板口才好到在两个多小时交流里，老王愣是只说了不到 10 句话，后来老王举办"总裁峰会"时直接把他从发言嘉宾名单里剔除掉了。

对于商业模式，项目老总表述是一方面，投资人的理解是另一方面。老王有两个套路可供大家借鉴。

对于生产型项目，可以用"技术—产品—商品—现金"模型来观察。好的技术能不能转化成好的产品、好的产品能不能变成被市场接受的好的商品、好的商品又能不能畅销变成现金回来，这是一环套一环的，任何一个环节卡住、闭不了环，都构不成完整的商业模式。投资人为什么敢投资生物医药领域的早期研发项目，就是因为好的药品只要批准上市了基本就是印钞机，投资人可以放心用大把资金只赌它能不能出一个好产品。所以对于早期项目，老王不会只看研发环节，相反更会着重考虑后端生产和销售环节，否则项目就变成"市梦率"[1]项目了。还有老王也不主张商业模式构成的环节太复杂，就"技术—产品—商品—现金"这个最简单的闭环来说，假设每个环节成功率都有八成，那对不起，整个商业模式的成功率就只有四成了（$0.8^4 \approx 0.4$）。如果还要增加更复杂的环节呢？

对于服务型项目，或者互联网之类的新经济项目，老王自创

---

[1] 指高得离谱的市盈率。——编者注

了一套"金字塔理论"。企业用户是金字塔形的，金字塔底是庞大的基础用户，金字塔顶则是忠诚用户。企业只需要做三件事，一是能不能带新，把金字塔底规模扩大；二是能不能转化，把塔底基础用户转化成塔尖忠诚用户；三是能不能复购，不断提供服务和产品，让塔尖的忠诚用户不断消费。

首先来谈带新。线下零售企业为什么要开连锁店，是因为每个店能覆盖一定区域内的人群，其中就有一定比例会进店消费从而形成基础用户，连锁店开遍全国就意味着全国范围内导流带新的局布好了。线上互联网项目花巨资买流量砸用户，其内在逻辑和目的与线下零售没太大区别。当初网红经济，那些知名的流量网红，老王正眼都不看一眼，就因为粉丝量再多如果不能转化成用户，一点意义也没有。企业三件事中的第一件都只做到一半，谈何商业模式，谈何融资。

其次再看转化。大家可以对比一下景区小吃店和品牌餐饮店。景区小吃店就是只做塔底用户，来一个斩一个，客流量大不需要回头客；品牌餐饮就不一样了，口味、服务、品牌都得用心经营。哪个更有价值呢？投资人更愿意投哪家呢？

最后就是复购。只要有塔尖忠诚用户在，就不愁没生意。看看路易威登（LV）、香奈儿（CHANEL）这些大牌都在卖些啥就清楚了，啥都能卖，而且还贼贵。老王之前谈到过的那家被上市公司并购的项目，其核心竞争力就在踏踏实实做好了企业三件事中的第一件和第二件，才可以快速进入一个新行业、快速变成新行业的头部企业。

15

融 资

　　老王跟项目老总反复唠叨，投资人都是"雪中送炭"，没有"锦上添花"的。这和银行贷款"眼高于顶"的逻辑一样，因为资本都是逐利的，都有趋利避害的本能在那里。所以项目老总在画圈圈诅咒"明天让你高攀不起"的同时，还是要把心思放在提升自身盈利能力上，而不是去迎合投资人提的各种"投资条件"。因为那些"投资条件"其实已经有婉拒的成分在里头了，你满足了一个条件，永远还有另一个条件在后面等着你，拖着拖着就把你拖死了。

　　接下来老王要唠叨的不是缺钱的小企业，而是不缺钱的大企业，是那些被投资机构围绕、被银行追捧的大企业，应该怎么琢磨融资这事。老王过去找这些有实力的项目老总们谈投资入股时，常常被怼的一句话就是："我们不缺钱，每年都过亿的利润，还要你们这几千万干啥呢？"要是年纪轻点的投资经理可能就被怼回去了，而老王基本上还能坚持和这些项目老总们打上几个来回，有的还真能拿下，靠的就是以下招数。

首先，别跟钱过不去呀，尤其是"聪明的钱"。第一，多储备点现金总没错；第二，战略发展和扩张不宜过多动用主业的流动资金，撬动一下外部资金还是有必要的；第三，也不是什么外部资金都要去拿，还是要拿能出主意、能带资源的"聪明的钱"，比如老王的钱。老王有个百米赛跑理论，世界飞人博尔特能跑进九秒已经是极限了，如果还是穿着鞋子跑百米，是没法再进一步的，但如果是骑着摩托车、开着跑车，甚至是坐着火箭，是不是"嗖"的一下就到终点了？"聪明的钱"，就能帮你赋能，帮你升维形成优势后再降维打击。项目老总想突破，就必须换装备，无非是选摩托车还是选火箭的问题。

其次，别跟自己的身价过去不呀。利润永远是企业账上的，除非分红，否则项目老总拿不走，只有在资本市场上真金白银标价的股票，才是项目老总自己的，才是能按规则来套现的实实在在的财富。更不用说项目老总创造的利润，分红时利润是一块钱就只能分一块钱，而在资本市场上，利润是一块钱而股价可能就是十几、上百元。这时候你不拥抱资本市场，还准备拥抱哪个市场呀。当然，拥抱资本市场后还是得守规矩，也不能太贪心，否则造假退市、质押爆雷的老前辈还都倒在那里呢，而且还有一大把呢。

下面要敲黑板画重点了。

最后，别跟自己的资产安全过不去呀。有两种情况还是要想一想：一是当经济危机或金融危机来临的时候，企业需要政府或银行救助的时候，你觉得顺序会是怎样呢？国有企业、上市公司、大型民营企业、一般民营企业。这个顺序一般不会有异议吧。患难才能见真情呀，为什么不把身段往前挪一位，好在患难时能获得更多的真情呢？二是，真落难的时候，什么样的身段更能保住资产呢？想想黄光裕和吴英吧。一个身价分毫未损，一个资产被低价处理。如果吴英也是一家上市公司实控人呢？结果是不是会有所不同？上市公司虽然未必真的能让你呼风唤雨，但置于公众之下，资产的安全系数确实会大大提升。

道理很简单，大家都懂，但真正能打动大项目老总的，还是需要更多的努力、真诚和付出，真心希望老王的小伙伴们都能冲、冲、冲！

16

规 范

规范，一直是企业头疼的事情；而不规范的企业，则一直是老王头疼的事情。

老王的投委会在审议和决策项目时，多多少少都会附带投资条件，几乎没有那种清清爽爽就能过会的项目。有的项目会设置投资前置条件，也就是满足这些条件后老王就能投资了；有的项目则附带投后管理要求，也就是老王投资以后这些是必须重点跟踪完成的；有的则会把投资拆分成两步，老王会对每一步出资分别设置相应的投资条件和管理要求。老王之所以这么做，归根结底还是被拟投企业这样那样的不规范所逼。

企业的不规范主要表现在财务和法务两方面。老王曾经安排风控部门同事给投资经理们总结尽职调查过程中碰到的各种问题，可把风控老总愁死了，憋了几个星期才整理出一份报告。老王这么个小小机构都积攒了不少企业不规范的案例，更不用说大千世界里的各种千奇百怪了。老王这里就不一一展开了，只挑几个重点说说。

第一，私账泛滥。有为避税走的私账，有为结算方便走的私账，也有因为上下游的某个人而走的私账，当然也有一部分老板公私不分、左右口袋互相倒腾。这些都还好，老王还能帮着给调整回来。老王最怕的就是刻意做假账，公司现金通过体外循环变成收入回来，这就没得救了。大家千万不要以为只有初创企业才会私账泛滥，老王看到过好几个收入上亿、利润千万的企业同样存在私账，他们都有一颗因私账怦怦跳动的心呀。

第二，关联交易，就是自己和自己做生意。有的时候是同一个老板的两家企业之间的交易，有的时候是母子公司之间的交易。关联交易不可怕，只要交易价格是市场公允的就可以，老王怕的是通过关联交易进行利益输送，怕的是通过利益输送把不合格的企业变成合格企业，来忽悠投资人和资本市场。所以关联交易能避免的还是要尽量避免，毕竟总带个嫌疑人的帽子不会太好受。

第三，业务合同不规范。业务合同和财务数据对不上，不仅企业管理难度会增加，投资人的尽职调查难度也会增加，会严重影响融资进程。有些项目老总对此或许不以为意，可你再想想能入刑的"虚开增票"有啥特征呢？不就是增票金额、资金往来和库存数据对不上嘛。这两者背后的逻辑其实是一样的。

第四，股东结构有瑕疵。强团队弱股东是比较稳定的股东结构，就像团队中也必须有领袖人物是一样的道理。以项目老总为代表的经营团队必然是能一锤定音的大股东。太早抱大腿（BAT）、傍大款（上下游合作伙伴）都会埋下隐患。老王投的一家企业，项目老总和天使投资人的股权比例差不多，后来因为着急挂新三板，把原本可以在挂板前就优化好的股东结构给拖了下来，直到最近要申报创业板了才重新回头来处理这事。一是代价高，为了这个，企业额外付出了2000多万元的税；二是实控人可能会被认定为发生变更，而一旦被认定实控人发生变更，则会拉长上市申报周期。项目老总后来感慨："没想到当初的小疏忽会导致后来付出这么大的代价。"

当然还有其他方方面面的不规范和瑕疵，究其原因不外乎两点，一是项目老总没有防控意识或者不够重视，二是公司的财务和法务人员专业性不够强。老王一直被项目老总们要求推荐好的财务总监或者法务总监，从来没有说让老王介绍总经理和董事长人选的。可见21世纪是人才的世纪。

对于规范性，老王只有三点建议：一是越早规范越好，毕竟阵痛比长痛好的不是一星半点；二是要肯花力气、花代价，找专业财务和法务人才来做专业的事；如果以上都没有，那就做好第三条——找老王这样的投资人做股东，让老王来帮你把脉调整。

17

造假

　　老王原本不想涉及这样敏感的话题，但确实碰到过这么些糟心事，不吐不快。把这些事拿出来晒一晒，是想告诉大家这些雷老王都蹚过了，就别再想用这些招数来忽悠人了。当然水平高过"小蓝杯"的可以试一试，说不定老王后面又能再写个续篇。

　　我们都开玩笑说，企业一般有三套报表，一套对银行为贷款用，一套对税务为避税用，最后一套老板自己用，毋庸置疑最后一套是最真实的。现在再加上投资人，可能老板手里要准备四套报表了，而这第四套报表的讲究可就太多了。因为投资人一般会给企业估值溢价，而溢价的基础就是企业的经营情况，有无利润，利润大小，估值差距可能就是几千万上亿的。马克思曾断言，资本家为了 30% 的利润可以冒风险，为了 100% 的利润不惜杀人放火，为了 300% 的利润可以上绞刑架。改动几个数字就能多出几千万、上亿的身价，这诱惑可比 300% 的利润高太多了。

老王所蹚和所知的雷中，造假分成这么几个层级。

第一种，小学生级别，主要在财务账上玩数字游戏。核心是提前确认收入、延迟确认成本，这样利润就出来了。要做到的话，首先账必须是乱的，浑水才能摸鱼呀，然后在应收应付等科目上多动手脚。老王有个项目，第二期出资的前置要求是完成 1000 万元利润，后来报表过来一看，1060 多万元，刚好达标，这么巧吗？当时应收款科目上数字很大，但账期都在一年之内，坏账率粗看也不高，老王也就捏着鼻子认了。后来才发现这应收的账是真收不回来，这时回头再来看当时那 1000 多万元的利润，其中的水分就实在太大了。这个级别的造假，一般深入核查，基本都能发现，只是时间早晚的问题。发现得早还能及时处理止损，等问题暴露再来处理就尴尬了。老王另外一个项目就是这样，七个瓶子三个盖，盖不住了我们才进场核查，然后要求实控人按对赌协议来回购，此时公司和实控人资金基本也枯竭了，老王就很头疼了呀。

第二种，中学生级别，资金体外循环形成收入和利润。这类造假通常发生在互联网项目中，火箭一般高的账"市梦率"让但凡有点利的互联网项目都能拿到远超利润的融资，只要把融来的资金体外转一圈回来变成收入利润后就可以再融更多的资金，如此不断循环，估值也螺旋上升，项目老总身价也就暴增。这样的原动力是不是很强大？和七个瓶子三个盖的游戏不一样，只要有"接盘侠"在，这个游戏就能一直延续下去，但随着估值越来越高，"接盘侠"也会越来越难找，哪天没"接盘侠"了，故事也就结束了。这类造假比较难核查，因为不仅要查企业内部账，还要体外公司配合查账，这几乎就不可能了。再高级点，体外配合的公司还是境外公司，那就更难了。所以老王对这类公司都避而远之，也不允许被投企业这么做。曾经老王在老东家投的一个项目，被举报说有这种造假，后来核查下来是虚惊一场，能顺利查明真相也是上下游合作方愿意配合做调查。所以业务逻辑正确，上下游能配合，基本上就不会有这类造假的空间，反之则要当心了。

第三种，大学生级别，源头造假，虚构业务，捞钱走人。老王老东家的同事就投了这么个项目，老王有幸目睹了整个过程。企业从事户外用品，老东家投了 2500 万元，然后每年还有千把万的利润，银行那里又借了 2000 多万元贷款，账上妥妥的有 5000 多万元资金。投后第一年报表利润增长喜人，第二年年中突然说账上没钱了，把老王惊呆了，5000 万元就这么不禁花吗？后来才发现这一年多时间里，企业以开拓电商业务为由投入了巨额推广费，广告合同都是几百上千万元的。广告公司嘛，大家都懂得，最容易走账了。要查账，发现公司银行账户十几个，可能还有更多的不知道的账户；按照经济犯罪侦查，本来都对项目人员进行边境控制了，但项目老总还是神通广大地带着公章去了美国，在朋友圈天天发自己在迈阿密海滩晒太阳的照片。而留下的一地鸡毛中，除了 2500 万元的投资损失外，还有企业员工来老东家这里讨薪，还有老王同事个人为这家企业几百万元贷款做过的担保。对了，忘了告诉大家，这位项目老总还是位女同志，前夫是公司副总和小股东，项目女老总去了美国之后就把前夫坑在了国内，做了替罪羊。所以这女同志发起狠来，老王只有三个大写的服、服、服。对于这种摆明做局坑人的项目，一是凭自己慧眼破局勿入，二是万一入局就只能拼人品了，看能不能在爆雷之前撤离。

至于"小蓝杯"，那是属于研究生级别了，以老王的情商和智商，还玩不动这样的游戏，不说也罢。

18

员 工

　　老王回想起最近半年内，陆续有三位做业务的同事离开了公司，其中一位是要回上海找男朋友，还有一位是因为工作风格与公司有差异而选择离开，最后一位则是自己创业去了。在祝福这些离开的同事有更好的前程之余，老王也思考了一下公司和员工之间的那些事，跟大家随便唠叨唠叨。

　　人才毋庸置疑是公司最核心的资产。人才从哪里来？要么自己花大力气培养，要么到别家去挖。从老王自身的经验来看，培养虽然周期长了点，但理念、风格、效率和效果都磨合得相当好；而空降来的人才反而是铁打营盘里的那个流水的兵，在老王这里做了一年就走人的流水兵已经有十来个了。

　　老王的经验是，空降有风险。老王有个项目，老总从一家大公司挖了个合伙人过来做COO（首席运营官），打算往接班人方向去培养，一年后这个空降的COO业绩没达标，无法服众，这位老总就尴尬了；老王还有个朋友，老王本来想挖他过来做投资总监的，结果未遂，他去了另外一家投资机构做了副总，后来老王碰到他才得知他已经离职自己单干了，而离职也是因为业绩没出来被底下小朋友给怼了。而另一方面，培养还是能结出甜蜜果实的。老王自己就培养了好几个人，其中最长的已经超过7年了，在公司结婚生子，担子也越挑越重，已经能独当一面了。

老王也是从打工开始一路过来的，所以以下这些话是作为一个老板对员工说的。

第一，老板对人才的渴求是无须怀疑的，老板对人才的职业规划也是有腹稿的。千万不要以为老板没有这方面考虑，老板只是没有考虑你而已。

第二，个人的职业规划要接地气，要能与老板的期望一致。还记得"八匹马拉车"的例子吗？团队尚且如此，更何况正在向成为管理团队成员迈步的你。

第三，能当上老板的人智商情商都是在线的，你稍微撅一下屁股就能知道你要干啥。所以任何花架子都没用，得拿真功夫出来。

第四，拒绝代沟。老王有次心血来潮把还在公司没下班的人叫上出去聚餐，原本是想搞搞氛围，和员工打成一片。结果那场饭局老王从头到尾都在说单口相声，好大一条沟横在面前。公司团建的时候也是，老板这桌永远是人最少的，要老王一个个点名才挪到主桌上来。也许这是儒家文化、中庸之道的影响，但老王看来，这样的代沟是不利于职业发展的。当然拒绝代沟并不是让你去刻意拍马屁，不能从一个极端走到另一个极端。

第五，屁股决定脑袋，要成为合伙人、成为管理团队中的一员，思维要先跟上。诸如"996"之类的讨论，如果仅仅讨伐老板，那就只能注定在基层员工层面徘徊。哪怕老板已经委以重任，也不会有出彩的业绩。最近，老王有个项目要开拓新业务，直接提拔了一个业务能手来做事业合伙人，但老王搭了二次脉以后，直言不讳地对项目公司老总说，这个事业合伙人执行力杠杠的，但只盯着眼前，缺乏战略眼光和资源整合魄力。后来果然被老王说中，项目公司老总已经在紧急调兵换将之中。

老王现在公司只有二十来人，老王也没有管理过百人以上团队的经验。所以上面这些东西纯属瞎嘀咕，如有雷同，那一定就是真的。

19

圈 子

有一个项目老总据说是听了老王唠叨后，先报名了长江商学院，后加入了民主党派，再加上企业本身质地优秀，每年有近亿元的利润，年增长还不低，于是格局一下子就起来了。在老王眼中，又一个明星项目老总冉冉升起了，老王必须撸起袖子继续出谋划策呀。企业想要有自己会所？行，在会所基础上再搞个某民主党派之家吧，多组织活动、多请领导参加，争取早日能参政议政，为国家发展献计献策。企业账上现金充裕，想买层办公楼自用？行，但还可以拿地自己建嘛，选个二线以上城市，搬迁总部，产业规划充分，税再缴足，地方政府还是欢迎的，还是愿意给政策支持的。以前这位老总只顾埋头干业务，现在抬头一看，选个好圈子，交些好朋友，整合好资源，企业发展格局和速度确实不一样了。

老王粗粗估算了一下，在所投的 30 多家企业中，已经出了一个全国政协委员，若干个省级人大代表或政协委员，以及一大把能在市区县人大政协开会的企业家。而能参政议政应该是最高级的，不进这个圈子还想进哪个呢？老王另一个项目的老总总结得挺好，只有企业自己赚来的钱、争取来的政府政策才是最实在的，其他的不管是融来的钱还是贷来的钱，最后都是要还的。

当然也有失败的例子，这个项目一直是老王心头的痛。

项目最早是做支付的，依托银行和电信运营商通过短信构建起了一个支付平台，那时还是2012年，二维码支付连个影都还没有。八年前这样的概念那是相当超前，而且还有收入利润，所以老王毫不犹豫地砸了2000万元投资。由于和运营商关系密切，项目还为运营商的几十万线下加盟店（满街那种挂移动、电信、联通牌子卖手机和号码的店）提供了集采的支付平台。这也很"高大上"啊！可后来画风就不对了，项目老总心里就开始嘀咕了，这加盟店能卖手机，是不是意味着其他的也能卖，比如拖把、扫帚啥的，于是项目老总从提供平台服务一脚踏进了供应链，最后又重金砸进了空气清新器和净水器这样的产品。要知道供应链的核心是资金占款，而最好的占款方式无外乎有一个好的故事，忽悠供应商和分销商进来，将货款投入变成可分未来预期的投资（是不是闻出点传销的味道啦）。高峰时，项目账上躺着好几个亿资金，老王眼瞅着形势不对，就在项目老总最自鸣得意的时候让他回购了股份，老王不仅全身而退，还大赚一笔。当然，项目最后的结局没有出乎老王的预料，以项目和项目老总欠款几个亿进失信名单而谢幕。

老王后来复盘，发现项目老总的理念发生偏差是在一次融资后，那轮融资的投资人老王也熟悉，是个空手套白狼的狠角色，周围有一圈土老板。那次融资后，项目老总就融入了土老板那个圈子，企业发展理念和战略眼光都有显著变化，和老王的沟通也少了，老王的话也不太听得进去了。后来老王之所以能够全身而退，也是项目老总觉得老王怼[①]他有点厉害，妨碍了他割韭菜的大局，所以高价请老王出局。老王出局后眼看着他玩双面手机、玩类传销的万商共赢计划、玩收香港上市壳公司，最后楼塌了。说实在话，项目老总这个人还是不错的，性格好、对人也善良，但就是经营理念越来越差，项目越做越低级。也许他骨子里就是个生意人，所以能和土老板们愉快地玩耍，和老王这类人反而会渐行渐远。记得有一次酒后，他突然掏心掏肺问了老王一句："王总，我怎么觉得我越做越回去了呢？把高科技企业做成了传统企业？"老王还能说什么呢？

小王同学跟着老王见过不少项目老总，这些项目老总们都对小王同学的情商、智商竖起了大拇指，也有提醒老王的，说只要不去交坏朋友，小王同学的未来是很可期的。老王自豪之余也庆幸，朋友的提醒其实正是老王一贯坚持的。老王从来没有要求小王同学学习成绩如何，唯一要求的就是品行要端正，要诚实要守信。老王想，混圈子也应该如此，不然就连小王同学也不如啦。

---

① 原意指怨恨，现多引申为驳斥。——编者注

20

选 择

　　最近老王碰到一件糟心事。老王一个基金的出资人，官方术语叫 LP，是"有限合伙人"的简称，不是"老婆"的简称。这个 LP 是一家上市公司的实控人，当初也是为了圈点项目在手，将来能运作一下装进上市公司，所以通过老王合伙人的关系投了老王的基金。这两年股市变幻莫测，一批上市公司实控人爆雷，深陷财务危机，这位老兄也是其中一员。前几天他来找老王合伙人，要求老王合伙人按本金加利息接盘他那部分出资。实控人的逻辑很奇葩，如果基金赚大钱，老王合伙人就没有理由拒绝，因为实控人他把收益让渡出来了；如果老王合伙人不肯，则间接证明了基金不赚钱，那实控人就要往死里纠缠了。老王在边上有点听傻了，不确定性和确定性能交易吗？这还是老王认识的那个原本根本看不上老王的上市公司老板吗？但再一想也就释然了，任谁身上背着几十亿元的债恐怕都会如此，老王大概也不会例外。当然问题最后还是得到了初步解决。事后，老王不禁自问，如果早知道会有这么一天，当初还会选择他做基金出资人吗？老王只能呵呵了。

老王还有一件糗事，不过现在已经释怀了，也不怕拿出来让大家笑话。那时老王有一个朋友，是个资金掮客，和上市公司这个系那个系及四大财富管理公司高层都称兄道弟，为了和老王业务上能合作，甚至专门把杭州分公司开在老王办公室楼上，而老王每次去北京他都迎来送往、细心安排，老王和他的业务合作也在有条不紊地推进。突然有一天，他资金紧张向老王开口周转，老王二话不说打了200万元给他。结果原本一个月的借款拖成了两年，最后闹上了法庭，他进了失信名单。老王相信他确实是落魄而非骗子，因为老王也是亲眼看着他起高楼、宴宾客，最后楼塌了。这中间老王也追回了一小半资金，但大半仍打了水漂。事后老王也有点庆幸，幸亏这200万元是老王自己的私房钱，赔了最多回去跪搓衣板，但万一老王和他有了业务合作，那亏的可能就是几个亿，那时老王跳楼都不足以谢罪。如果现在再问老王，早知道这样当初还会借吗？呵呵。

人生不如意十之八九，意思是人的大部分选择最后都是达不到预期的，于是人生就在"选择—后悔"中不断循环往复。所以在选择或者做决定的时候，想得再多一点，考虑得再长远一点，把最坏的情况充分考虑进去，真的不是坏事。只是有几个人能真正做到呀！老王最近老是用一道问题来灵魂拷问女同志，思路有些清奇，大家也可以设身想一想。

说有两个其他条件都一模一样的男人，唯一不同的是一个朝九晚五，下了班就回家，另一个天天晚上应酬到很晚。如果非要选一个嫁，会嫁哪个？老王问了不少女同志，包括已婚和未婚的，发现年轻、幼稚的女孩的几乎都会选第一个，而成熟的会有一定比例选择第二个。理由当然千奇百怪，老王就不总结了。

老王的奇葩理解是，男人总是要发展事业的，应酬都是不可避免的。第一个男人会有两种发展趋势，要么一直朝九晚五，要么总会有那么一天应酬开始多起来。一旦开始应酬了，他还是你原来要的那个他吗？所以，选择第一个意味着你未来可能会遭遇惊吓。同理，第二个男人万一那天顾家了，浪子回头了呢，是不是会有惊喜呀？如果能再往深里想一想，乞丐暴富和王子落魄，哪种变化你更能接受呢？

所以，真正的选择，不是选择那个时点的状态，而是选择那个时点之后带来的变化，是选择拥抱惊喜还是接受惊吓。从这个角度理解，前面两个例子中，老王做出选择的时点都是那两个人最好的状态，而结果却是接受惊吓，而且后来惊吓也的确发生了。

21

执行力

老王投了一个项目，挺有意思的。不是这个项目本身有多大意思，而是投资前老王和项目老总来来回回拉扯了有快两年的这个过程有意思。老王这就给大家唠叨唠叨。

第一次见面，老王还在前东家，那天正好在咖啡馆和一朋友聊事情。朋友聊完事后，说要给老王介绍一个新朋友，于是项目老总上台。那时项目老总像第一次面试的应届生一样，唯唯诺诺地介绍完了项目，原来是准备杀入那时正值风口的 O2O 领域。风口、互联网、纯 BP（business plan，创业计划书），这是空手套白狼呀。于是老王训了他一通就把他打发走了，大概意思就是，不能光想着拿投资人的钱来验证商业模式，要自己先做起来，等有了数据再和投资人谈，光靠 BP 就能融资的时代早过去了。

第二次见面，是一年后了。项目老总这次是有备而来，说他们自己已经投入了 200 万元把 O2O 平台搞出来了，上线了几百家酒店客户和数千名用户，后台也有了基本数据，所以就再找老王碰一碰运气。像这种基于酒店小场景的 O2O，即便在风口时也不"性感"，更别说那时风口已过。但其中有一块小业务引起了老王的注意，就是帮酒店做集中采购，因为平台上已经有了几百家酒店，所以他们拿下了像牙刷、牙膏、梳子之类一次性用品的集中采购业务。是不是有 to B（business）的味道在里面了？所以老王第二次拒绝同时，也给他们小小地点了一下这个老王感兴趣的 to B 业务。

第三次见面，是又过了大半年。项目老总带着他的合伙人来到老王的新办公室，很兴奋地告诉老王，他在 to B 业务上有了巨大突破。他针对酒店用户痛点上线了布草租赁、维修等业务，其中他尤其看好布草租赁业务。这就有点意思了，这次老王终于正儿八经地和这位老总聊起了投资。再后来的尽职调查过程中，老王进一步看到了项目老总强大的执行能力。一是老王提出能不能用供应链金融来解决布草采购的问题，因为布草租赁每天都有现金流，符合供应链金融的要求，结果老王提出要求的 2 周后，项目老总谈妥一家保理公司愿意提供这样的业务；二是老王建议采取城市合伙人的方式进行全国布点，用未来的利润分享来换取前期的成本投入，在不到一个月内，项目老总就签下了 2 个城市的合同。

正是项目老总强有力的执行力，打消了老王最后一丝顾虑，将这个项目收入囊中。拿到老王的投资后，项目老总也是铆足了劲往前冲，后续几轮融资也非常顺利，甚至还引入了国内某一线投资机构。当然，这个项目能让老王一直念叨，除了长达两年的追逐赛跑外，更重要的是，它就是那个让老王当面痛骂一通而后又乖乖再次掏钱的奇葩项目。项目老总执行力强大到能够让老王如此俯首帖耳的，也就独此一家了。

投资人圈子里一直说，"投资就是投人"，一流的团队即使卖大白菜都能卖出个上市公司，而二流的团队却能把一家上市公司折腾到连大白菜都买不起。一流的团队，强大的执行力必须是标配。

老王眼中的执行力无外乎两点，一是想明白了就干，二是不能傻干蛮干，还得有效率、出成果才行。当然如果还能多听听老王的意见，那就更没得说了，即便最后把老王也给执行了，其实老王心里也是乐滋滋的。

22

等　待

老王开篇先小小八卦一下。是这样的，老王身边有不少大龄剩女，包括王太周围也是，所以老王没少被安排做月老兼洗脑工作。长此以往，老王居然总结了一套小理论，大家评评有没有点道理。以下就事论事，绝无藐视女权的意思，各位看官不喜请勿打脸。

第一，天上不会掉馅饼，即使掉了馅饼，为什么要砸到你头上，即使砸到了你头上，你接得住吗？

第二，每年都会有 20 岁的女孩出道，你在 20 岁的时候没能争过她们，凭什么 25 岁、30 岁就能争得过了？要知道，现在 00 后都已经出道啦！

第三，事业为先没错，但事业只是半辈子的事，生活才是一辈子的事。为了半辈子的事，你都可以废寝忘食、忍气吞声，为什么就不能为了一辈子的事同样付出呢？为了半辈子的事，你可以频繁跳槽直到找到自己心仪的事业，为什么就不能主动多交朋友去，寻找那个能陪伴自己一生的他呢？

第四，交男朋友不是目的，找老公才是目的，就像跳槽一样，之前所有的经历都是为拿下最后那家公司所做的准备和铺垫。女人的青春年华就那么几年，千万别傻傻地陷在和渣渣男朋友的所谓爱情中相爱相杀，千万记得要提升自己打怪杀 Boss 的技能。女孩子能有几年青春年华呀！

老王这套小理论的核心就是，机会不是等来的，是争取来的。只要态度端正、目标明确、方法正确，就能所向披靡、攻无不克。其实，这套理论对项目老总也同样有效。老王手里正好有个例子跟大家唠叨唠叨。

这也是老王投的一个项目，投之前整整掰扯了三年，从老王前东家一直扯到老王自立门户，最后老王用自己的基金投资了1000 万元。

项目发展历程中有两个老王认为很关键的转折点。一是企业把总部从义乌搬迁到了杭州，格局一下子就打开了。杭州总部的新形象，使企业能够从容面对政府客户的考察，为之后转型主攻政府客户打下基础；二是企业管理从夫妻老婆店转变成职业经理人制度，团队变化带来了业务的迅速提升。外人看着容易，但只有老王清楚地知道这其中有多少艰辛。

首先，总部搬迁迂回曲折。在杭州注册总部公司容易，但把义乌公司并进来变成全资子公司就要缴 200 万元的税。为了这 200 万元的税，项目老总纠结了一年多，反反复复，老王甚至不惜以断交相威胁，最后项目老总终于一咬牙、一闭眼给办了。半年后，政府客户订单量起来了，项目老总才跟老王掏心窝子反思自己，"当初格局还是小了"。

其次，夫妻老婆店转变更是艰辛。老板和老板娘都是一分钱要掰成两半花的主，坚决把控公司业务和财务大权，老王推荐的职业经理人即便来了，一没权二没钱的很快也就走了。在老王不懈地努力教育说服下，老板终于转变想法了，但老板娘还是牢牢抓着财政大权不放，而且老板娘情绪来的时候，甚至会毫无理由地扣发全体员工工资。后来老板终于想了一个绝招，让年过四十的老板娘怀了二胎，一个不够，来年再来一个，成功将老板娘的心思吸引到了孩子身上，就这样公司的职业经理人制度才终于建立起来。这波神操作老王也是真的服气了。

企业就像闺女一样，老王也没少操心。闺女说，外头渣男太多太危险，可不接触怎么知道谁是渣男谁是暖男呀，不打怪怎么升级攒经验呀，就像企业不出这 200 万元的血，怎么可能知道杭州总部是个神来之笔？闺女又说，我要求不高，是个活的男的就成。那就来个活的男的练一练呀，不练手怎么知道你要的是啥呢？就像上文中老板软磨硬泡了好久，才终于发现送子观音这个胜负手。

所以，进一步，披荆斩棘；退一步，海阔天空；不进不退，到头来就是不死不活。老王说，想明白了，就别等待，撸起袖子干就是了。

23

健 康

老王预设了很多项目失败的情形，唯一没有料到的就是项目老总的逝世。最近，项目投资经理告诉老王这个消息的时候，老王还懵了一会儿。这个悲催项目是老王的天使基金投的，做婴幼儿优生优育的，投资金额不大，才 300 万元。投这个项目正赶上当年的智能硬件风口，没想到一头撞上去后便头破血流，没过一年，项目就滑进了老王的失败项目名单。从这之后，老王的目光就再也没有放在这个项目上过，项目投资经理也早就将这个项目做了清零处理。直到前不久，跟老王联合投这个项目的投资人给老王电话说联系不上项目老总了，老王才让项目投资经理跟踪了一下，结果就得到了他去世的消息。

老王投的项目里有三个项目老总都在酒后进过 ICU。第一个是跟老王喝了一顿大酒再把老王送回宾馆之后，在回家路上觉得不对劲，直接去了医院，然后被收进了医院。后来才知道，在老王之前他已经连续一周天天喝大酒了。第二个是和老王吃饭吃到一半，脸色苍白，匆忙把该说的事说了之后就去了医院，结果也是被收进医院去了。老王也是后来才知道，他因为应酬已经连熬两个晚上没睡了，这次是准备跟老王熬第三个晚上的。第三个老王没亲眼见到，但听说也是在酒局上突发癫痫，而且属于比较严重的那种，在 ICU 待了好几天才出来。前两个真把老王给吓得半死，还好没事，否则老王是怎么都脱不了干系了。

老王不得不重视被投项目老总的健康问题了，于是脑袋瓜就开始胡思乱想了起来。

首先，老王不好酒，所以老王和各位项目老总之间互相约饭局时尽量不喝酒。这条应该执行不了，因为饭局上任何计划都是用来被突破的。老王家人都反对老王在外应酬喝酒，说不喝酒有那么难吗。有一年国庆老王全家都是在西安过的，西安的朋友非常热情，特意在蒙古包里设宴接风，蒙古姑娘载歌载舞并用牛角杯劝酒，直接把老王干趴下了。而老王的家人有鼓掌起哄的，有用手机录视频的，就没一个劝老王不喝或劝对方别敬酒的。老王后来问王太，那时干吗不劝老王呀？王太白了一眼说，"劝得了才怪"。这之后，老王家里人终于都明白了，在外不喝酒，真的很难。

其次，为了防范项目因为老总健康问题而失败归零，老王曾一度有冲动为这些老总投保健康险。保费从投资款里出，保额为老王基金的投资本金加利息，收益人为老王的基金。只要老总因为健康问题导致项目失败，老王的投资虽然损失了，但依然能从保险公司那里拿到老王的投资本金和利息，也算有人给兜底了。老王还曾正儿八经地和搞保险的专业人士聊过这个话题，一致认为这个办法有实操性，无奈就是监管那里过不了。老王还曾暗自打小九九，如果老王投保了这样的险种，一旦项目老总不敬业有给老王带来损失的可能，老王大概率会雇人陪项目老总天天吃喝玩乐至死，这样老王就可以拿到保险赔偿金了。想到能有这样的死法，项目老总应该也会觉得很愉快吧。

胡思乱想归胡思乱想，老王还是要提醒各位老总千万重视健康。要像老王一样，该吃保健品的吃起来，该保养理疗的做起来，该运动的高尔夫球打起来，油腻就油腻呗，跑步进入老年生活也不错嘛，反正谁健康谁知道，至少老王不是那种用一辈子的命去换半辈子事业的人。

我就是我，是颜色不一样的烟火。

24

惰 性

　　小王同学什么都好，就是一个习惯让老王忍无可忍，但老王还得忍着，谁让这是亲儿子呢，开除不掉呀。

　　老王平时回家对小王同学吼得最多的一句话就是："作业做完了没有？还不赶快去做作业！"小王同学的经典回复是"马上""立刻"之类的，然后继续"葛优躺"半个小时才会进书房，或者借"屎遁""尿遁"应付过去。对此，老王也曾谆谆诱导："周六抓紧把作业都做了，周日想怎么玩都 OK，何必这样周末天都埋在书房里，多亏呀！"老王也曾黑着张飞脸："作业不做完，不准吃饭（看手机、睡觉）。"效果么，呵呵。小王同学依然如故，不到最后一刻绝不会挪动他的屁股。

　　曾经是学霸的老王，唯一一次作为小王同学家长被请进小学见老师，就是因为小王同学回家作业屡次不做、漏做，于是那天晚上小王同学的屁股和家里的塑料鞋拔子同时遭了殃。小王同学掏心掏肺之后自省出来的结论就一个字"懒"，还是改不掉的那种。老王和王太探讨了半天，仍旧没搞清楚小王同学的懒病到底遗传谁，最后的结论是老天爷赏的，然后让小王同学发扬光大了。

老王有好几个项目老总朋友，助理和司机几乎都是一年一换，极端的甚至有每个月换个助理的。老王问来的原因几乎大差不差，"人干一年就懒了，没当初的干劲了，不得不换。"等到自立门户之后，老王也渐渐能感同身受了。

老王有个助理，播音系毕业的，酒量也不错。刚入职那会也挺勤快的，老王后来还让她接任了投委会秘书。但画风的改变是在两年之后，也许工作内容单一重复，再加上本地人追求安逸的缘故，助理的工作效率明显下降，老王提醒了几次，她仍然没有听进去。直到有一次她在半年度项目走访过程中连续发生了两次失职的事情，让老王彻底失去了耐性，于是年底考核时给了个垫底的考评，让她出局了。小姑娘找老王争取留任，但言谈中仍然没有意识到自己的不足，甚至认为老王后来半年没有给她布置工作任务是照顾她，而丝毫没有察觉"没活即走人"的职场规则。这是一个没有意识到自己"惰性"的例子。

老王的第一个司机，从部队复员回来后先在一家证券公司做专职司机，后来就来老王这里就职了。一开始他做事同样比较勤快，后来老王就觉得哪里不对了。一方面他是本地拆迁户，经济方面比较宽裕，所以工作对他来说可能就是一份简单工作而已。另一方面也有老王自己的原因。老王总觉得本地人有家庭孩子的，晚回家不好，所以晚上应酬如果太晚就会让司机先下班，老王自己打车或者搭其他老板的车回去。一开始是老王说"你先回去吧"，后来是司机请假"王总我晚上有事先回去啦"，再后来画风就变成"王总，没事我先回去啦"。你让老王怎么回答呢？我有事，你等着吧。就这样，两年后，有点眼力的司机自己离职了，避免了助理那样的尴尬。

惰性，是老天爷赏的，每当外部压力减少或者缺乏目标方向时，它就会偷偷溜出来。小王同学是这样，老王的助理、司机会这样，企业当然也不例外。老王投资的一个企业，在投后的第一年和第二年高速发展，估值上涨了 10 倍，融资金额累计超过 1.5 亿元，而之后就像踩了刹车一样，直到最近准备去港股上市了，才又重新回到了老王当初认识的那个状态。项目老总和老王复盘时讨论了很多原因，市场、团队、竞争等，但老王还是感觉刹车那段时间里，企业的发展方向是迷茫的，在拥抱资本市场的目标上是缺失的，企业那时确实"懒"了一下。

只要思想松懈了，行动就会懒惰下来。所以不管做事做人，目标不能丢、压力不能松，因为现在还远没到可以安逸享乐的时候。懒惰，你就破功了。

25

契 约

老王这四十多年来，一直老实本分，别说犯事，连公检法大门朝哪开都不知道，但最近却不得不硬起头皮来打官司了。除了那个让老王跪了好长时间搓衣板的债权官司外，老王还在跟一个项目打因对赌而引发的官司，此外就是几个老王威胁要打官司的项目，把相关公司老总搞得要死要活的。几场官司下来，老王的这块短板还真给补上了。一是让老王愈发重视契约细节，比如用反稀释条款来遏制原股东恶意低价增资，用随售权来防止实控人独自套现走人等；二是让老王知道了律师也有分类，有审合同的、有打官司的，有诉离婚的等。老王那个债权官司最早找的律师朋友是专诉离婚的，结果遭了一通白眼。

无契约不成官司。所以契约的完整性及契约精神，在很大程度上决定了官司的难易成败。

首先是契约精神。契约是用来遵守和执行的，谁会去签一个注定要打官司的契约呢？所以守约是契约精神的核心。投资圈就有"投资不过山海关"的说法，大家伙也都不太愿意和经济欠发达地区做生意，背后都是契约精神缺失惹的祸。当然对于不守契约精神的，也要注意区分意愿和行为，不能一概而论。

第一，有守约意愿，但能力不足导致违约的。这种情况老王认为都是可以好好商量的。老王投了一个项目，做游戏开发的，后来因为政策因素导致迟迟拿不到游戏版号，最后把资金全烧完了，实控人自己也离了婚、卖了房卖了车，只剩光棍一个。实控人每次来老王这里，态度都很端正，账都认，也愿意按对赌协议来回购，只是没能力而已。于是老王和他签了一份长达三年半的回购款支付协议。慢慢来呗，或许这三年半里就碰上个新机遇了呢。

第二，有空子就钻型的。这就需要不断敲打了。老王还有一个项目，也是做游戏开发的。有一年业绩没完成，老王同意实控人对赌延期的要求。本来只是签个新对赌协议就好，但他却在某个条款上较了真，坚持要按原来的表述，即"股东保证公司回购"。老王一开始没注意，后来才发现其中有猫腻，原来实控人理解的"股东保证公司回购"，只是股东确保在公司股东会层面不反对回购，并不是股东承担回购连带责任。好家伙，要是按实控人的理解，老王当初何必投这个项目呢？这个空子钻得真有水平。老王二话不说，直接把他摁在地板上"摩擦再摩擦"，终于把这个条款扳回了正解。

第三，没有契约精神的，无须多说，直接干就是了。当初老王嗤之以鼻的那个 LP 的招数，老王不仅会，而且用起来更熟练。打上门的时候直接带着会计师，有协议的按协议来，没协议的就兜底查账，查出实锤问题后上报经侦部门。不把实控人收拾得服服帖帖的，老王的姓就倒着写。

其次，契约纠纷。老王的对手大部分都是有契约精神的，毕竟投资前还是做了功课的，人品不好也不会投。所以即便有纠纷，老王处理时也都尽量在契约范围内找出路想办法，而不是去想歪理出坏招。老王就曾经碰到过一次无妄之灾。那是好多年前，云南某地政府请老王等一众投资人到当地考察，食宿全包，由于投资人众多导致预算超标，负责接待的当地旅行社和当地政府就超标的费用扯皮了。到最后，旅行社居然将老王等一众投资人扣押在去机场的高速上，要求当地政府付清全部费用后才同意送老王等一众投资人去机场。虽然问题最后解决了，但这做"人质"的感觉极差，导致老王此后只将云南作为旅游胜地而非可投资之地，因为投资营商环境"极度恶劣"。所以想歪理、出坏招，有时不仅不能解决问题，搞不好还会丢尽脸面。老王如此，自然也希望对手如此，都是文明人，有事好好商量嘛。

老王极度重视契约精神，也一直教育小王同学要诚实守信，自然也希望老王周围的兄弟朋友都是同类人。我们没有害人之心，但防人之心也不能丢啊。

26

道德风险

　　道德风险，是个经济学名词，意思是当违反道德获取的收益大于遵守道德获取的收益时，人就会有违反道德的冲动，这样的风险就是道德风险。在职场上，我们经常能看到道德风险的影子，譬如飞单、回扣等。老王所从事的股权投资行业中，也同样存在着道德风险，老王扳指头给大家伙数数。

　　首先，基金管理人的道德风险。

　　股权投资基金里，一般出资人出 99% 的资金大头，还不管事；管理人出 1% 的资金小头，干着辛苦活；然后基金给管理人每年 2% 的管理费（类似于工资）和总收益的 20%（类似干股分红）。如果一切顺顺当当，项目投得又快又好，基金收益丰厚，那自然皆大欢喜，也没什么道德风险了。但万一不顺当呢？要知道基金是有投资期的，投资期结束后，没有投出去的钱是要退还给出资人的，这部分退还的钱是不能再收管理费的。比如一个 2 亿元规模的基金，管理人每年可以收取 400 万元管理费，最后只投出去一个亿，投资期结束后，管理人只能按投出去的一个亿来收管理费，也就是从 400 万元变成了 200 万元。所以不良的管理人就有冲动在投资期结束前把剩余的一个亿花掉，去投一些不怎么优秀的项目，为的就是继续能按 400 万元来提管理费，于是道德风险就出来了。更何况那些本身就冲着赚管理费而来的管理人，更是道德风险满满呀。

老王有个天使基金，规模不大，才 2000 万元，当地政府出了 90% 的资金，老王团队自己筹了 10% 的资金。当时政府领导有一句话很让老王动容，他说："在团队眼里，自己出的 200 万元可比政府的 1800 万元重要多了，如果基金亏了，团队可能比政府会更心痛。"的确，在这样的制度安排下，团队要是再犯前面的道德风险错误的话，本金的损失可比拿到手的那点管理费多得多了。

其次，投资经理的道德风险。

投资经理的道德风险主要表现在"吃拿卡要"上，尤其是向被投企业拿回扣，老王在前面文章中已经提到过了。吃相难看点的，会直接让项目或项目老总打钱；脑袋聪明点的，会通过朋友或中介机构转一道；耐心点的，则蚂蚁搬家一般以报销的方式从项目里一点点扣，当然前提是项目公司财务不规范。因为有道德风险的利益在，投资经理对项目质量的把关就会失控，而且为了推动项目能通过投资决策会，本该充分揭示项目风险的尽职调查会变成对项目的粉饰。还有，老王也一直反对给投资经理所谓的"投成奖"，这种为了投而投的机制设计，在实际效果上也必然会驱动投资经理去犯道德风险的错误。

在防范投资经理的道德风险上，制度设计很重要。一是在业务流程上做好规范，该有的制度必须有，该执行的必须严格执行；二是建立投资经理跟投制度，既然投资经理认为项目优秀，那没理由自己不出钱而只用公司的钱来投啊。所以老王这里一开始就有跟投制度，1%是强制跟投的比例，也就是说，如果基金要投一个项目1000万元的话，那这个项目的投资经理团队则至少要跟投10万元；1%到10%之间是鼓励跟投，投资经理看好项目的话也可以多跟点。在老王眼里，投资经理跟投比例越高就意味着对项目就越有信心。当然超过10%也不行，高了就占基金额度了。老王统计过，老王这里的投资经理平均跟投比例在3.5%左右，已经很高了。要知道，有些年轻的投资经理甚至把嫁妆都拿出来跟投了。而且，从老王自己的经验来看，跟投也是投资经理财富增加的一个捷径，当然前提是项目得投准了。

在老王的认知里，道德风险产生的实质还是不同主体之间的风险收益错位导致，只要制度设计好了，让基金管理人和出资人的风险收益一致，让投资经理个人和基金的风险收益一致，那道德风险在股权投资中的生存空间就很小了。

27

国 企

老王最近遇到一件啼笑皆非的事。某领导要去老王的前东家拜访，委托老王来安排对接前东家的老总，老王托了好几个还在前东家的兄弟，半天居然没摸到门道，很是尴尬。找董事长秘书，秘书说找办公室安排；找办公室，电话短信都不回；找原来的老大哥，还要拐个弯通过党委副书记来搞。老王前东家好歹也是行业里的翘楚，老王离开也才4年多的时间，就物是人非得这么严重了吗？当年前任董事长信誓旦旦搞改革的场面还历历在目，现在却被一股浓浓的大型国企风所淹没，难怪老王当年的一批兄弟走的走，散的散。

老王从业以来，虽然做的是市场的生意，但历经的前几任东家几乎都是国有背景，从上海到深圳再到浙江。老王对国企那套也感触颇深，就随便说几点，点到为止吧。

首先，小鬼难缠。说实话，老王所接触到的国企领导，水平都蛮高的，无论看问题还是定调子都很准，决策也到位。但下属在落地执行时总有偏差，有的确实是能力问题，但更多的是有自己的本位考虑，阳奉阴违、消极应付之类的做法层出不穷。老王也做过小鬼，很清楚里面的门道。那时老王还在替政府管着引导基金，有个基金管理人仗着大领导的关系，在老王面前是左一口领导指示右一口领导要求，直接把老王惹毛了。得，老王虽成事不足但"败事"还是有余的，立马起草了一份报告，全在挑这个基金管理人的毛病，放在台面上是无懈可击，除非大领导亲自批示，否则这个基金绝无可能通过。当然最后老王还是和对方和和气气商量着把基金给办成了。所以，可千万别小瞧了小鬼头哦。

其次，权责利不对等。老王有个兄弟，原来在某市金控担任老总，最近又回到财政部门做公务员了，他给老王的回答是"压力太大了，无论为政府赚再多的钱，只要有一笔亏损，那就是终身追责"。老王也亲眼看到了两个国有投资机构改制的不成功，源于上级主管部门的处室领导迟迟拿不出或通不过改制方案。道理也简单，改制的责任要上级主管领导来承担，但改制的成果却由国有机构管理团队来享有，换成老王也一万个不愿意呀。所以能不能在权责利不对等的环境里杀出一条改制的血路，主管领导的大担当是决定因素。就像老王现在的平台，如果没有当初领导的大担当，那也是几乎不可能改革成功的。

最后，国有资产。老王一直笑谈，国有资产属于棒冰，化了没事，但不能让人舔一口，否则"国有资产流失"这顶大帽子谁都吃不消扛啊。老王有个项目被上市公司并购了，项目公司股权被换成了上市公司股票，最近刚解禁，一堆机构蜂拥而至，要为老王提供解禁抛售的中介服务。老王哼唧哼唧优中选优挑了两家合作伙伴，也做了完整的抛售方案，结果征询基金出资人意见时被打了回来，说只能自己抛，不能找机构，因为要付机构费用，这个费用就没法说清楚了。意思就是，老王自己 20 元抛售没问题，但找机构 25 元抛，哪怕只付 1 元中介费，这 1 元就属于国有资产流失，就是不行。好吧，老王就三个大大的服、服、服。

言多必失，老王就此打住。

28

评 审

老王有很丰富的担任评委的经验，从各个级别的创业大赛评委，到为各地政府担任专家评委，其中为某二线城市担任领军人才面试终审评委最有意思。一是老王担任这个评委时间最久，目前已经坚持了十年以上，每年两次评审雷打不动，很多其他活动老王都是临时性的评委；二是这个评审的结果很重要，通过评审的项目都可以直接获得当地政府的资金资助；三是评审过程中，老王见多了申报项目的各种虚头巴脑的花招，也帮政府打掉了不少假项目。所以，每次主办方邀请老王参加，老王二话不说就会推掉所有活动全身投入，为的就是不放弃锻炼和提升打假能力的机会。

这个领军人才评审，主要是针对科技型创新创业人才设置的，通过评审的各等项目可各获得100万～400万元不等的资助。政府非常重视，所以评审专家的分量也很重。老王作为投资类专家，经常会和一些厅处级干部、高校校长、研究所所长、科技类上市公司老总等这些重量级专家一起组团，帮助政府来遴选真正能在当地全力以赴创新创业的团队。但就像前面说的，这中间老王确实碰到了不少幺蛾子。

第一，圈钱。团队在其他地方有公司在经营，而在当地注册的公司就是为了申报项目争取资助用的，能拿到钱就运营一下，通不过评审就废掉。这一情况早几年比较严重，现在好了很多。主要是过去没有企查查、天眼查之类的工具，申报人隐瞒不报就没人知道，而现在一查一个准，如果还隐瞒的话，一旦被查出来，那就一票否决了。所以老王在评审时就喜欢低头用手机查股权、查关联，还别说，用这种方法每次都能筛掉几个浑水摸鱼的。到后来，坊间估计都知道评审会上有这么一个喜欢玩手机、专搞事的专家，抱着圈钱目的而来的项目就少了很多。

第二，落地。地方政府资助领军人才，对团队落地要求很高，全职在当地工作最好，如果兼职的话也必须有一半以上时间在当地工作。评审时除了看申报团队拍胸脯的声音有多响以外，专家们也有自己的标准。比如社保有没有在当地交呀？这招其实挺狠的，但老王还有更狠的。老王看股权结构，如果申报人在当地以外还有其他公司，而且那家公司的股东里面还有机构投资人，这时申报人即便再拍胸脯说会有一半以上时间在当地工作，老王也会给一票否决了。信你个大头鬼哟！如果老王投了一个项目，结果那个项目老总告诉老王说一半的时间要花在另一个项目上，你看老王会不会相信他。

第三，虚假出资。申报项目有一个基本门槛，就是团队出资不低于100万元，有点道德风险防范的意思在里面。之前老王主要通过验资报告来验证，后来有一个项目傻乎乎地在申报材料后面附了一个完整的审计报告。老王闲来细读一下就发现问题了，其他应收款的金额和注册资本差不多，再一查，应收款对象和申报方是拐了两道弯的关联方。于是一下子抓了个抽逃资金、虚假出资的典型来。后来老王就要求申报项目都要附完整的审计报告，主办方也落实了。之后几次评审老王就通过审计报告抓了好几个虚假出资的例子，有通过设备买卖抽逃的，也有通过服务外包抽逃的，不胜枚举。老王打假打得也很兴奋、很开心。

其他诸如知道老王担任评委来提前讲人情打招呼的事，那都是小场面了，不提也罢。

从老王担任这么多年评委的经历来看，地方政府招贤纳士的态度是端正积极的，政策也是十足给力的，只要是真心在当地创新创业的，政府都会持续支持。作为企业，踏实诚信经营才是根本，政府的支持资助都是加分项，如果主次颠倒了，以圈政府的钱为主业，那最终是面子里子都会丢光的。要知道，出来混，迟早是要还的。

29

格局

　　老王有个做数字营销的项目，收入和利润水平都比较高，唯一让老王不满意的是，项目老总是个土老板，做业务是一把好手，但公司管理极度不规范，公账私账不分，让老王曾一度怀疑其财务数据有造假嫌疑。老王之所以会投他，一是他的业务和老王投的其他项目能形成协同效应，二是老王对自己也迷之自信，总以为自己专业的增值服务能让土老板转变成企业家，结果老王错了。记得有一次常规的半年度项目走访，轮到这个项目时，老王就在那里听着土老板侃侃而谈，说什么要拥抱资本市场、要去借壳上市，老王突然问他："你觉得自己身上有香港上市公司董事局主席的味道吗？"土老板愣了好几分钟，然后摸着自己肥肥的腰身，很有自知之明地回答"没有"。那一刹那，老王觉得和他好像是两个世界的人。

老王有时在其他项目或者事情上，也能感受到这种恍若隔世的感觉。

老王在处理一个对赌失败的项目时，明明谈好的条件，实控人回去后就转头不认了，要重新谈，而且提出的都是无足轻重的理由。这小账的算盘打得噼里啪啦响，但大账上面却失了分。老王一直秉承有理有利有节原则，既然你变来变去，老王直接就釜底抽薪，从收入源头上掐住实控人，最后实控人还是乖乖回到原来的轨道上。实控人只在自己理解和掌控的圈子里盘算，而老王却早已跳出了他的圈子，你往哪走老王就往哪打。

还有另一个项目，其中一个合伙人因为和项目老总不和而离开，之后两人就陷入无休止的争战之中。合伙人大概看了老王的几篇杂谈之后觉得老王在偏袒和维护项目老总，于是也向老王开炮，认为是老王把项目老总带坏带偏了，带成了他不认可的那副模样。于是在他发给老王的长篇缴文中，以他所能理解和掌握的零碎信息拼凑出了一幅自以为是的"实情"。老王就好像在电视机前看一部狗血剧一样，合伙人在拼命地卖力演戏，老王的心情却波澜不惊。好吧，你开心就好，只要别过火。

老王也在想，为什么和这些人或事有不在同一个世界的感觉，也许这就是老王所理解的"格局"吧，是因为"格局"不在同一个面上。网上有很多关于"格局"的段子，说年薪100万元的人要带你一起发财，你拒绝了，只是因为你听了一个年薪5万元的人说这事不靠谱。也许有点道理，但老王更喜欢下面这个"老板与渔夫"的段子。渔夫问老板，为什么要那么努力赚钱，老板说，努力赚钱，就可以在住在海边，买艘游轮，天天出海钓鱼。渔夫听后哈哈大笑，这不正是他现在的生活吗？虽然最终大家都在出海钓（捕）鱼，但却是活在两个世界的人。老王理解的"格局"，对事不对人，在对某件具体事情的判断上，如果老王掌握的信息更充分、考虑更长远、判断更准确、选择更正确，那老王的"格局"就会大点。反之，在其他事情的判断上，也许老王就成了那个盆里的蟋蟀，没了所谓的"格局"。

最后用郭德纲的一个段子来结尾吧。说一个煤老板跟火箭专家建议，要让我们的火箭飞得更高更远，那还得用精制煤才行。这火箭专家要是多看他一眼，那都算输。

30

资源整合

　　资源整合，在老王的增值服务清单里面一直是排在首位的。老王投了那么多家企业，各家的长处短处、擅长的和稀缺的，不说完全清清楚楚，但至少也了解得八九不离十。所以老王也就能左边扇扇火、右边点点风，希望被投项目之间能够资源互补，有效合作。比如，老王在直播带货领域投了不少项目，有快手头部MCN（多频道网络），有淘宝直播排名前十的，甚至美食类第一名的网红也在老王投的项目麾下，所以当某个项目老总说他要进军直播带货领域，求老王带飞时，老王二话不说，立马带着老总和他的团队挨个拜访这些行业前辈们。别的不说，至少有老王带队，这些项目的一把手和老王点名的业务骨干还是会出来传经送宝的。就像快手头部MCN老大说的，也就是老王带去的，否则同行一律不接待。

除了对被投项目的需求做到有求必应外，老王有时还会主动"勾搭"。

在 VR（虚拟现实）/AR（增强现实）风口那会儿，老王有三个项目。A 项目做游戏分发，B 项目服务线下网吧，C 项目专注做 VR。当时 VR 领域内容严重匮乏，而老王恰好在 C 项目那里体验了一把 VR 游戏，于是脑子一转，发现三家项目之间其实可以做篇文章。老王当时是这么想的，B 项目服务的线下网吧每天有很多经典的游戏对战（英雄联盟之类的），如果依靠 A 项目打通游戏公司拿到接口，那么 C 项目就可以平台化地去将 45 度视角的游戏对战转换成 VR 可沉浸式观看的游戏对战，VR 体验有了，内容也丰富了，流量和转化自然就会跟上。想到就干，老王立马召集三家项目老板和 CTO 开会研讨，第一次大家热烈响应，认为老王这个想法惊为天人，第二次热情依旧，只是画风有点不对，再后来几次研讨会就慢慢变成了聚餐，这事也就不了了之了。老王后来也自省过为什么没有做成，一是没有一个主体去落实，三个项目都有自己的业务，谁都不会主动去落实这个还在天上飘的项目，二是实操过程中也有很多问题，比如 A 对游戏公司拿捏得还没那么稳妥，B 并不能真正从网吧那里拿到游戏数据。所以最后老王只能自嘲，自己也就剩下这号召力还是杠杠的。

老王在文娱方面也布局不少，有做综艺的、有拍影视剧的，还有孵化网红的。有这么多资源，那就弄个网红经纪公司呗，把老王这些资源整一整，签下的网红除了按正常渠道去发展外，老王还能用这张老脸去换一些在综艺或者影视剧里露个小脸的机会，网红签约和孵化成功的概率就会高很多的呀。于是老王开始组织人马开始分头勾兑，前后也花了个把月的时间，发现还是落不了地。一是老王这里的人不是全职投入，就像老王做增值服务一样，有得谈就谈谈，没得谈就拉倒的态度；二是任何资源都是有代价的，老王的老脸虽然有用，但人家也不能白送不是，这些资源如果都要拿到手，前期投入也要好几百万元。算了，老王还是做做投资比较清闲，脑壳不用那么疼。

老王这两次主动整合资源的结果都是大输特亏。看来任何事情都有它的专业性，老王的专业特长就是投资，然后在被投项目之间牵牵红线，其他想得再多都是多余的。还有就是老王再一次深刻理解了创业的艰辛，像老王这样有平台、有资源的，如果不全心投入，不破釜沉舟，没有做好输到只剩裤衩的思想准备和实际的资金投入，也是很难成功的。所以创业是真的有风险，做做老板的梦可以，但千万别来真的，尤其是刚毕业的大学生们。

31

职业生涯

老王之前有谈过公司和员工之间那点事，今天就再深入聊聊老王眼里的职业生涯和规划。之所以会选这个话题，一是老王目前正在公司里着手建立一套类似管培生制度的实习生管理制度，以及一套能上达股东，下至被投企业的优秀人才流动的挂职体系；二是王太本身就是做人力资源的，老王有人事上的问题一般首先会请教她，让她带一下思路，长期耳濡目染之下，老王自然而然就有了自己的思考。

两年前，老王给一帮即将跨入社会的金融类专业的应届毕业研究生做过一次讲座，题目是"投资经理的自我修养"。在那次讲座里，老王花了很大篇幅，专门介绍了股权投资这个行业对不同岗位的能力要求。比如投资业务这条线上，就有研究员／实习研究员、投资助理、投资经理、高级投资经理、投资总监、合伙人之分，具体来说就是：

研究员 / 实习研究员，能独立完成某一领域的行业研究。这是入行的基本功。

投资助理，能独立完成项目某一方面的尽职调查及投资建议书中相对应的内容。

投资经理，能独立完成项目全面尽职调查及投资建议书。

高级投资经理，能独立牵头完成项目从筛选、立项、尽职调查、过会、投资等全过程。

投资总监，能全面负责某个基金或某个领域的相关项目的投资全过程。

合伙人，能全面负责基金事宜，包括募投管退的所有环节。

可以看到，从研究员到合伙人，岗位要求是层层递进的，大致可以分成 4 个阶段:（1）研究员 / 实习生到投资经理，要求的是做项目的能力;（2）高级投资经理，增加了渠道和协调的要求，即对外有渠道拿项目，对内能协调推进项目;（3）投资总监，又增加了管理的要求，能对其下项目和项目团队进行有效管理，也就是能带队伍;（4）合伙人，考验的是资源整合的能力，没有岁月和人脉的沉淀是做不成的。所以除了具体的职务外，执行能力、渠道 / 协调能力、管理能力、资源整合能力，比较清晰地勾划出一条职业发展的路径，你所具备的能力最终决定了你所能达到的高度。

老王也是按这个思路来培养人才的，前前后后带过不少人，结果都卡在了管理能力上，也就是都带不好队伍。其中一位还没毕业就在老王这里实习了，是老王自立门户后的第一批员工，从实习生到高级投资经理，几乎一年跳一级；另外一位则经验丰富，到老王这里时直接给了高级投资经理的职位。这两人做业务都是一把好手，能力强，人也活络。于是老王就让他们各自负责一个基金的募集，直接把属于合伙人的担子压给了他们，同时也希望他们借此机会能把自己的队伍拉起来、带出色。但结果却不甚理想，他们都还在用原来做项目的习惯和方法，单打独斗的倾向尤为明显，不仅队伍没带起来，基金募集和设立也是磕磕碰碰的。当然，老王带的人当中也有成功破局的，只可惜他早已经不在老王麾下，而是去了老王投的一个项目做分管资本运作的副总了。

职业规划的好坏，直接影响对人才的吸引。就好像古代科举、现在的高考一样，都是突破阶层限制的路径。老王现在花大力气构建实习生制度，除了让实习生在各个部门之间轮岗外，还要求每个投资经理都要做好帮带教的工作，并且将帮带教的结果也纳入了对投资经理们的年终考核中。读了这篇杂谈之后，投资经理们总该能理解老王的苦心了吧，老王的目的就是在锻炼你们怎么带队伍的能力呀，是在为将来能突破管理能力的瓶颈在打基础呀。好好用心体会吧，真体会不了的，就别怪老王给你记在小账本上了。

32

投 后

　　小王同学每次寒暑假都会被老王带离上海，带到老王在杭州的办公室，为期一周。因为唯有在老王办公室里，他才能安安定定地把寒暑假作业给完成了。王太问他，你老爸上班是啥状态呀？小王同学总是一脸不屑，说老王整天就是开会骂人，没看有其他事做，然后又很羡慕，说他将来也要学老王，在大办公室里开会骂人。老王立马现身教育他，只有学霸才能有机会坐大办公室，学渣都是坐外边的格子间的。小王同学立马捂耳朵，"不听不听，王八念经"。老王又立马指出他的错误，别人都可以唯有他不能说老王是王八，否则他就成了那颗王八蛋了呀。

　　其实这个段子也确实反映了老王的一部分工作，对的，就是开会骂人，因为项目的投后管理全是一些糟心事。要知道，现在世道变了，钱在谁的手里谁就是大爷。投资人在投资前是大爷，投资后就变孙子了。大家也许不会注意到一个现象，就是当一个投资机构手上的资金都投完了以后，或者一个基金的投资期结束之后，就是投资经理离职率最高的时刻，尤其是年轻的投资经理。因为这个时点之后，投资经理的角色和能力都会发生转换，从投资转成投后管理，从原来的甲方金主爸爸，变成了要为项目提供增值服务的乙方。这个过程不是所有投资经理都能做到的，可如果只会"投"而不懂"管"和"退"，那又谈何在这个行业里有所发展呢？

老王是非常重视投后管理的，有几个有意思的做法跟大家交流一下。

第一，成立投后管理小组，专人负责。老王要求每个月收集项目经营数据和财务数据，实时分析并对异常情况提出警示。很多投资机构往往都只收集财务报表，有的甚至只收集季度或年度报表来应付一下基金投资人。老王可是连每个月的经营数据都要看的，因为如果企业出了问题，经营数据是马上能够反映出来的，而财务数据则会滞后2～3个月；另一方面，经营数据和财务数据是能互相印证的，要是这两组数据对不上，那经营上就一定出了大问题了。就是因为监控了经营数据，所以老王的投后管理才能做到最及时有效。

第二，要求投资经理常去项目公司坐坐，不多，一周一次即可。这个习惯是老王做投资经理时养成的，那时候老王跑得可勤快了，不管有事没事，每周都要和被投项目老板打照面。这样的好处有：一是能和项目老总真正交上朋友，朋友不就是相处出来的嘛，又不可能天上掉下来一个朋友；二是信息掌握充分了，频繁交流的过程中老板们不经意间透露出来的信息，说不定就对投后管理起到了重要作用；三是能更清楚老板们要什么资源，也就能有针对性地提供增值服务了。总之一句话，不沟通，项目方就把你当菩萨似的好吃好喝供着；多沟通，就成了朋友，能同甘共苦。

第三，当然投后管理最终还是奔着"退出"去的。好项目上市或并购退出，都是要开香槟庆祝的；死掉的项目处理起来也轻松，直接拿刀砍就是了；唯有那些不上不下，又不能退出，同时又触发了对赌的项目，最让人头疼。老王之前也谈过，主要看项目老总态度和企业发展趋势，项目老总态度好的，企业也在往好的方向发展，往资本市场方向努力，那就还有得商量。老王这里还是有很多套餐可供选择的，比如对赌延期，只要支付相应的资金成本（或者该资金成本以投资时的估值折成股份）；再如调整对赌条件，前提是不影响老王投资时的估值体系；还有分期回购；等等。

所以不要怪老王投前投后像变了个人似的，那也是被逼的。老王其实也是个苦命人，做不了旧社会的黄世仁，只能在新社会中给各位老总做好服务工作了。

33

局

　　老王周围充斥着各种局，有饭局，有酒局，有第一场的局，也有第二场的局。不过今天老王要谈的是另外一种局，就是那种让你一脚踩进去，不蜕一层皮都出不来的骗局。当下，骗局早已充斥在我们生活中，有冒充公检法的电信诈骗局，有走温馨路线的保健品销售局，也有打着高回报的P2P资金局，但凡种种防不胜防，唯一的办法就是捂紧钱袋子，且看他潮起潮落就好。老王今天要给大家说的都是老王亲历或耳闻目睹的骗局，挺有意思的。

　　第一个局是老王亲历的。那时老王还是一名在校研究生，对社会有着懵懂的憧憬，于是研一暑假的时候应聘到了一家互联网公司，而且刚面试完对方就给了老王一个副总的职位。搁现在老王肯定一眼就识破是骗子公司了，但那时老王的第一反应是，老板真有慧眼，一下就看出老王智慧的根骨。所以老王既没有嫌弃老板身上的土味，也没有嫌弃租住在民宅的办公室，反而以极大热情投入到自以为是的大事业中，后来还陆续把老王的狐朋狗友们都招进了公司。头脑发热过后，大家伙就发现了问题，三个臭皮匠一出手，就把骗子老板的底摸了个透。于是一个星期后，这家所谓的互联网公司就成为当地第一起网络新形式犯罪的知名案件，老王等一众也受到了派出所所长的热情接见和表扬。这是一个现在看来粗糙得不行的骗局，但在当时那可是非常牛的了，对了，那时是 2001 年，阿里巴巴还不为人所知呢。

　　第二个局是老王投的一个项目老板亲历的，老王从头至尾陪伴着。当时项目正处于第二轮融资的关键时刻，项目老板业务上的合作伙伴介绍了一个投资人给他，说很有背景，也很有钱。老王陪着项目老板一起见了这位投资人。老王对对方的第一感觉就是土，一看就是地摊货的金色外壳手机被说成是保密手机，也就值个 20 来块钱的皮带扣上的军徽，据说只有校官以上级别才有资格佩戴，整个人也猥琐不堪。呵呵。老王周围但凡见过这个投资人的朋友，都说他不靠谱。但项目老板却疯魔了一般信任，说他请朋友调查过这个投资人的底细，这个是真的，那个也是真的，于是把这个人好吃好喝供着。也许看到项目老总身边有老王这样的朋友护着，这个骗子最后也没有太嚣张，骗了大几万块就收手消失了。项目老板这才恍然大悟，事后也自嘲那时咋就入了魔呢。所以当局者迷，还是有道理的。

前面两个都是小局，也就针对特定目标骗点小钱而已。真正的大局是造假上市割韭菜，就像"小蓝杯"一样。不过"小蓝杯"离老王太远，老王就目睹过一家互联网公司如何在香港成功上市并割了一波韭菜。手法简单而实用，就是让融资进来的资金不断在体内外循环形成收入利润，从上下游产业到资本市场，整个体系严密无缝，各个环节配合默契。这样的大局，往往是成王败寇，一旦上市站住了脚就成了案例经典，而一旦失败那就改头换面重新来过。不都说要鼓励支持创新创业嘛，二次创业怎么就不算了咧？

有些局一开始就是被刻意做出来的，这些局一般都没有大气候，也比较容易被识破。而有些局，一开始可能并不能称之为局，只是局中人做着做着被各种情况逼成了这么一个局，就像梁山上的好汉绝大部分都是被逼的一样。老王一直认为，P2P的本质是撮合小项目和小资金，是解决那些不能被银行所服务的小企业发展中的融资难问题，其实是件好事。可惜有些人太聪明又太会钻空子，资金盘、项目自融等这些老鼠屎的出现，最终把P2P这锅好汤给毁了。所以在生意场上，不管是局中人还是局外人，还是要有一颗敬畏心，敬畏市场、敬畏对手，以及敬畏自己的良心。人，还是有一些底线要去坚守的。

34

杠 杆

老王有着 20 多年的股龄，历经了数次股市大起大落，虽然没赚到几个钱，但也没亏多少，而且瞅着这段时间的市场走向，应该很快就能把过去的亏空给补了回来。老王能如此独善其身，也自我总结了几条经验。一是，老王有着长期投资意识，具体来说是被"逼"出来的长期投资意识。老王既没有时间盯着盘面，也没心思和能力去研究具体个股，各种指标图形也是一知半解的，所以只能放长线了。再则就是"买就套，抛就涨"的散户定律反复在老王身上发生，老王就这样被逼着从"价格投机者"升级成了"价值投资者"，好在最后效果还不错，每次被"套"之后，时间总能把老王的亏损给抹去，除此以外还能小赚一笔，希望这波行情也是如此。二是，老王坚持只用自有资金。之前融资融券政策刚出来时，老王也一度动过心，想用一下杠杆，好在后来忍住了，这才在前几年股市大跌中保住了身家性命。老王之所以能够有长期投资意识，股价几次"腰斩"都无所畏惧，最大原因还是那些钱都是自个儿的，赚了固然高兴，亏了最多回去跪榴莲，反正不欠谁的，也没催命鬼上门讨债。可如果是借了钱放了杠杆的话，在行情大跌时候的日子可就难了，那些被消灭的中产大户们，无不是因为杠杆放大了自己的亏损，最后连底裤都输掉了。

老王稍微捋了捋思路，发现动用杠杆的那些人，其实心里头都住着两个念头，一个是贪，一个是自信。自信而不贪，就会像老王这样，用自己的钱慢慢赚钱；贪而不自信，那也就是眼馋而已，动不了真格，就如大多数人那样；只有自信且控制不住贪欲的，才会用借贷的方式去扩大本金，用别人的钱去赚那些"觉得应该属于自己"的利润，结果成也杠杆，败也杠杆。这还只是念头问题，老王又捋了捋杠杆本身，发现其中有一个大家容易忽略的观念冲突之处，即，放款的人是贷款思路，追求保本和稳定收益，而借款人是投资思路，追求高风险和高收益，两者一结合，就变成了"短贷长投"，用金融学术语来说，就是"错配"了，赚钱的时候都没问题，可一旦亏了钱，风险边界的不同就会产生冲突。达摩克里斯之剑挥向敌人固然可以杀敌，可当它悬在了自己头上，那可是要伤己的。曾让老王"跪搓衣板"的借款官司，也正是因为老王没有认清对方所谓的"临时周转"其实是拿去做了长期投资，从而导致原本一个月的借款生生拖了两年，最后变成了一纸官司，除了把对方送上了失信名单外一无所获。所以大家千万要把自己的钱袋子捏紧了，如果实在捏不紧，就仔细琢磨一下对方借钱是干什么用的，如果跟你说拿去赚大钱然后一起分的，那可千万别信。

　　老王有个朋友，前几年风风火火的时候，通过信托组了一支基金，投了几个项目。未料这几年经济下行导致所投项目出现了问题，而股权投资市场也遇冷，导致下家难找，于是朋友就被顶在了杠头上，一边是信托到期，投资人纷纷要求还本付息，一边是所投项目难以退出套现，结果就是一大波诉讼官司接踵而来，资产保全频频发生，把朋友搞得狼狈不堪。朋友之前以为是在布局，没想到结果却一个个都是雷。老王之前也通过资管通道组建过一个小规模基金产品，后来因为资管公司要自己做管理人，结果就把老王撇在一边了，如今基金产品到期，项目没能全部退出套现，投资人也闹过几波，但由于老王不是管理人，最后才能置身事外。现在看来，当初资管公司那一"撇"也算间接救了老王，老王是既为自己感到庆幸，又对基金产品投资人感到愧疚，所以至今还在积极斡旋项目能够尽快退出，给基金产品投资人一个结果。但若再回到当初，问老王是否还要再通过资管公司做这样一支基金产品，老王一定会拼命摇头，股权投资就一定要找有风险意识和承担能力的投资人同行，而不是给产品披上一个"短贷长投"的外衣去吸引那些秉持"保本固收"理念的人，否则代价一定是高昂和惨痛的。

　　阿基米德说过，给我一个支点，我就能撬起地球。老王说，力的作用是相互的，杠杆既然能把地球都撬动，那压垮一个小小的你，岂不是随随便便的事儿？以此献给那些未曾见识过杠杆水深火热的朋友们，愿你们此生都不会有此烦恼。

35

创业者 vs 投资人

最近一篇《中国最惨创业者》在老王朋友圈里刷了屏，这篇檄文对投资人展开了血泪控诉。老王的一些朋友都希望老王来说说这事，一开始老王是拒绝的。一来檄文声讨的对象老王也认识，万一言语上有失偏颇就不好了；二来老王自己的项目怎么评论都可以，别人的项目就不便妄议了；三来檄文上的信息不充分，老王也没那本事来断罗生门。后来事情有所发酵，老王觉得还是有必要为投资这个行业说点啥，同时也想给创业者提点醒。毕竟大家都挺不容易的。

首先，老王还要说说对赌回购这事，之前分好几篇文章讨论过了，这里老王就再敲一下黑板吧，大家伙能听进多少算多少。

第一，投资从来都是锦上添花，不会雪中送炭，千万别指望亏了算投资人的，赢了大头算创业者的。如果非要跟投资人扯"愿赌服输"，那投资人完全可以选择"不赌"。

第二，"投资溢价"是创业者和投资人所有矛盾的原点。按净资产投资，没有溢价，投资人和创业者的风险收益在同一条线上，哪里还需要对赌回购呀。可创业者愿意吗？只要有溢价，双方的风险收益线就有差别，那就别怪投资人拿对赌回购作为武器了。

第三，高估值对应着高业绩，对赌回购压力就会剧增；而要降低对赌回购风险，那势必要降低估值，创业者又不干。所以对赌回购也是让创业者能够合理估值的有效手段。

其次，老王要提醒大家伙必须重视法务，身边至少得有过硬的律师朋友。因为檄文中老郭最大的不解和控诉就是"离职三年了还要为这三年的业绩埋单"。但理是理，法是法呀，人都离职了为什么对赌协议不去改过来呢？纵有千万种理由，但协议白字黑字就在那里，任谁都扳不回这个事实。所以老王再次提醒，签任何字的时候都要谨慎谨慎再谨慎。

老王也有核心团队成员半途退出的项目，人家可是思路清晰，对赌协议不改、坚决不做股权变更，非得所有股东书面认可撤销他的对赌回购责任后，才配合将其名下股权转让给了其他团队成员。相比之下，檄文中老郭的思路是不行的。

老王有个研究生女同学，毕业后一直没联系过，一年多前突然联系老王求救，说她的老公出于好心帮一朋友担保，结果惹上了上千万元的债，两套房子都抵押给银行了，银行正催着收房，所以求老王江湖救急，哭得是梨花带雨的。老王虽有恻隐之心，但那时搓衣板还跪着，就没敢伸出援手，生怕搓衣板升级成榴莲壳。事后只能感慨，只是一个签字啊，一个家庭就毁了。

最后，老王也谈谈自己对这事的几点看法。

第一，换做老王，这官司一定是会打的。打官司对不起创业者，不打官司则对不起出资人，如果非要选择一个，投资人自然是要对出资人负责。项目都被创业者搞砸了，还指望投资人帮创业者背锅来应对出资人的责难，这得是多幼稚的想法呀。

第二，老王最近也有好几个官司准备打，都是业绩不达标准备回购的。只要老王打官司的动作做了，能拿回来多少算多少，至少老王是尽力了，多少也能有个交代。但如果不打这官司，出资人的责问就会来了：有协议为什么不执行呀？是不是老王桌底下收了钱，和创业者串通起来玩猫腻呀？瞧瞧，这上纲上线的谁扛得住呀。

第三，创业和投资都是严肃的事，不是小孩子过家家，投资人也更愿意和懂事理、守规矩的创业者合作。檄文中的老郭像一个受了委屈无处发泄的孩子，靠卖惨来挽回颓势，这逻辑和应对都是有问题的，但确实可以成为一面镜子，给大家伙照照自身。从这点来看，这篇檄文还是有意义的。

第四，老郭在檄文里呼吁金主爸爸们看清不良投资人的"恶行"，不要再资助这些"作恶"的投资人继续"行恶"。殊不知这样的"恶行"恰恰是对金主爸爸们的负责,老郭的期许恐怕要失望了。

第五,檄文是把双刃剑,置于公众面前之后,大家都会来扒底裤,就不知道最后利刃划伤的会是谁,毕竟剧情来回反转的戏码也是会经常发生的。吃瓜群众就静待后续发展吧。

36

读书会

疫情后刚复工那会儿，不能出差、不能见客，只能在办公室待着，为了不让身体和脑袋瓜生锈，老王和合伙人就组织公司里的小伙伴们没事读读书、走走路，于是就有了读书会和毅行计划，并且一直坚持到现在。也正是在第一次读书会上，老王做了读书分享之后发现写作能力还没丢，于是才有了"老王杂谈"系列。也正因大家的捧场，老王也从原来只计划写10篇，一直坚持到现在，准备凑足100篇了之后，出本书自娱自乐。虽然工作正常后，参加读书会的频率越来越低，但老王发现通过读书会，小伙伴们也确实能沉下心来思考一些问题，尤其是职场问题，这对于工作态度、方法、效率的改进还是很有帮助的。

比如，最近一次读书会分享的就是拖延症的问题。小伙伴们都各抒己见：有的说拖延很常见，但因为拖延导致内疚成疾的不常见；有的说拖延是平衡的艺术，只要能在最后期限之前完成的，都不叫拖延，那是知轻重、晓缓急；有的说拖延和后果相关，如果拖延的后果不严重，那就乐得拖延；还有的说拖延是趋利避害的结果，假如前台那里有钱领，迟了就没有了的那种，哪怕手头有再重要的活也会放一放，但一旦让你去前台搬东西，哪怕是手头没活都要找个理由拖一下。

老王说，大家说得都好，但为什么工作日志不是每天主动记录，非要拖到周例会前一天才补全？看来老王是要出台强硬的惩罚措施了，非得给你们点颜色瞧瞧才行。就这样，每次读书会都是以小伙伴们心情愉悦开始，最后以老王心情愉悦结束。但老王心情愉悦也是有代价的，就是后来一次组织毅行的时候，小伙伴们一改往常的平地路线，选了一条山路，结果老王的合伙人先在半山腰"扑街"，老王则是在山顶"挂了"，下山后在理疗师那里折腾了一个多小时才回过神。

读书会也不全在讨论职场问题，有时候也会分享一些人生经验。在平均年龄30岁左右的公司里，老王已经属于老人了，所以通常会分享一些过来人或者年纪大了的人自以为的人生经验。

第一条经验是，人是有社会属性的，到了时间该干啥就去干啥，比如工作、结婚、生子等。否则，当别人都在谈论工作、婚姻、孩子的时候，你连嘴都插不上，就会逐渐被边缘化的。你也许会嘴硬，认为自己舒服开心就可以了。真的开心吗？不开心吗？真的开心吗？不开心吗？10年以后还开心吗？20年以后还开心吗？好啦，老王也就是说说而已，你开心就好。

第二条经验，养儿方知父母恩。年轻的时候很讨厌父母往自己碗里夹菜，有了孩子后最开心的就是看到孩子大口吃饭，所以现在再也不会拒绝父母的夹菜，而且会非常大口去地吃。同样，当初被当成耳边风的师长们的谆谆教诲，现在回想起来是多么有道理呀，悔不该当初。

第三条经验，幸福指数 = 实际 / 期望。年轻人心比天高，但没资源、没人脉、没积累，成就有限，所以幸福指数低，会焦虑；年纪大了，认清了自己，知道哪些能要、哪些不能要，而且日积月累多少有些成就，所以幸福指数高，整天乐呵呵，就像老王一样。所以焦虑很好克服，降低期望，努力奋斗，就 OK 了。

37

直播带货

　　直播带货这个风口，老王是切身感受到了它的巨大吸聚力。老王投的不少项目都开始转向这个领域，其中转型早的已经做到了细分市场的头部，甚至被上市公司并购，股价那是一个劲地往上蹿；稍差一点的也都有自己的头部带货主播，比如美食类的"浪胃仙"就是老王一个重庆项目的麾下大将；还有准备携巨资和内容资源入场的新贵，项目老总信心满满，执行团队也是摩拳擦掌。疫情后，老王朋友圈里也多了不少转向这个领域的朋友，有火锅店投资人转做网络综艺招商再转做直播带货的，有做潮牌服装品牌转做话题直播再转做直播带货的，也有原本的美女主播拉上三五好友注册了公司一猛子扎下来的，还有公众号博主华丽转身准备露脸下场亲自转化流量并寻求投资的，种种不一。这真是

"帅哥美女齐撸袖，乞儿大佬同登台"的节奏，煞是热闹。

老王虽然离风口那么近，但毕竟还是在岸上观潮，所以只能给大家说说老王所理解的大势。

第一，就像电商革了中间渠道商的命一样，直播带货有可能会对终端零售模式带来同样革命性的变化。可以从几个维度来理解：一是从以货为中心转向以客为中心，传统零售包括电商平台，都是以货为中心，而精准投放、私域流量、种草等的核心逻辑都是围绕客做文章，直播带货更是将其做到了极致；二是传统以客为中心的广告业，从千人成本（CPM）到每次行动成本（CPA）再到按销售付费（CPS）模式的转变，也暗合了技术从单向传播到网络互动再至移动终端的发展历程；三是电视购物、超市导购、老年保健品营销，都是传统线下场景式、冲动式消费的典范，而在信息技术、支付和物流保驾护航之下发展起来的直播带货，虽然其客群中粉丝比例仍然较大，但场景消费的威力不可小觑。所以直播带货时代的来临，不是你说拒绝就能拒绝的。既然不能反抗，那就好好享受吧。

第二，进入门槛足够低，市场容量足够大，金字塔层级足够多，总有一款适合你。但随着各路人马和大神的杀入，盈利线也从原来金字塔的腿部飙升到了胸部甚至颈部以上，而且金字塔不同层级之间越迁难度越来越大，你所拥有的资金、资源、运营能力够不够支撑你停留在盈利线之上，就变得很关键了。要知道现在已经有专杀"小白"的多频道网络（MCN）和货源客商的盈利模式出现了。

第三、都说人、场、货三要素，只要抓住一个就能占据半个市场。这话听着没错，但怎样才能算抓住呢？有主播就算抓住人了吗？有货源就算抓住货了吗？那就想得太简单了。比如说货，你以为有货就够了，一场直播帮你卖了几万件，第二天你不给全部发完货，就等着退单、投诉和上黑名单吧。老王那家抖音头部MCN是交了多少学费才摸清楚这些门道的呀，你以为听听就能学会吗？赶紧去交学费吧，越晚交还越贵。

第四，这个细分领域已经出现一些老王感觉不太好的现象，比如县长书记直播。自从大领导们在直播里出过镜之后，一把手直播带货似乎成了一个正经的任务，当地企事业单位自然也乐意捧场刷单，直播数据自然向好。各位看看热闹也好，参与其中赚点小钱也罢，可千万别太较真了，以为这就是下沉式直播带货，期盼它成为直播带货界的拼多多，那你就真输了。

目前老王对直播带货的理解还是非常正面的，但就怕中国聪明人太多，这个行业链路又长、空子又多，难免会出一两颗老鼠屎，最后毁了这锅好汤。所以不管已经喝了汤的，还是准备来喝汤的，都且喝且珍惜吧。

38

地摊经济

　　地摊经济在朋友圈刷屏之后，老王和王太还开玩笑，说楼下被取缔了快五年的地摊集市是不是就要恢复了。想当年，老王家的小区门口一长溜的地摊热闹异常，老王在二十楼都能闻到烤羊肉串的味道，而遇到城管冲击时，老王家的小区又成为地摊主们和城管们打游击的地方，敌进我退，敌退我进，乐此不疲。过了没几天，王太听闻家附近还真开了个官方夜市，于是兴致勃勃带着小王同学去观摩，没想到居然还要排队入场，据说没个一小时门都排不到，只能悻悻而归。所以老王是切实感受到了领导人的号召力，也深刻感悟到了基层的执行力度，一如当初"大众创业、万众创新"一般，"地摊经济"在各方助力之下迅速刮起一股旋风，只希望最后落下的不是一地鸡毛。

　　老王记忆中，还有两次能和地摊经济挂上钩的历史进程。一个是计划经济转向市场经济之初，地摊就是走在改革队伍最前列的，凡是那时敢丢掉铁饭碗出来练摊的，都成了当时的弄潮儿，"撑死胆大的饿死胆小的"就是那时最好的写照；第二个是国企改革分流，一大批国企的基层员工以工龄买断的方式被推向了市场，除了 4050 等政府公益工程外，练摊也成了那些下岗员工再就业的重要途径。地摊经济，因为门槛低、竞争无序的特点，从来都登不上经济发展的大雅之堂，从来都是拿来应对重大转型而引发的失业问题的无奈之举。这一次重提地摊经济，也侧面印证了当下经济形势的异常严峻性和不可承受的高失业风险，也到了和前两次一样需要作出重大调整的历史时刻了，而且这次恐怕会更艰难。

　　从失业角度看，第一次地摊经济，正处于改革红利阶段，计划经济体制内的"失业"转瞬就被市场经济的空缺所吸纳，所以会有无数弄潮儿的出现；第二次地摊经济，则出现了大量的结构性失业人员，这些原本国企中的螺丝钉没法继续靠原有"技能"就业，要么赋闲在家要么接受地摊工作，这时地摊经济已经很难再给出红利了，只能是维持生计所用。而当下这次的地摊经济，处于中美脱钩和疫情双重打击下，周期性失业和结构性失业交织在一起，威力是空前的。老王读经济学时就知道，在中国，GDP 一个点的增幅差不多对应着 2000 万就业岗位，2020 年第一季度全国大部分地区的 GDP 是负增长，再看全国两会期间总理报告中都不再设定今年的 GDP 增幅目标，就能够猜想到 2020 年 GDP 增长会如何。假如今年 GDP 增幅骤降，那就意味着相比 2019 年，再就业的时间和难度都会拉长增大，仅靠地摊经济，又能消化多少就业呢？

其次，地摊经济真能解决问题吗？第一次地摊经济有制度红利支持，第二次地摊经济有工龄买断等政策红利支持，但这次地摊经济有什么支持呢？现在看到的只不过是两句口号而已，连惠而不实的政策都看不到一条。老王一直不赞成"大众创业"这句口号，尤其是鼓励应届毕业生创业。应届毕业生通过创业就业了，而创业企业吸纳员工又创造了新的就业，看起来简直是解决失业问题的良策呀。可实际情况呢？创业不成又都重新沦为失业者，更可悲的是创业者父辈的积蓄也消耗殆尽了。这种靠消耗民间财富来解决表面的就业问题的举措，说是饮鸩止渴也不为过吧。回过头再来看看，与这次地摊经济又何其相像。

地摊经济，本身有着天然的劣币驱逐良币的属性，就更不用说其对市容环卫的压力，对疫情后刚复苏的传统门店的无序竞争，以及管理上一刀切和更隐晦的寻租机会了，限于篇幅老王就不一一展开了。至少在老王眼里，地摊经济除了让老王饭后有散步去处及让施政者报告中的数字更漂亮之外，目前还没有看到任何实质的益处。对于那些打着风口旗号，准备撸着袖子杀进场的人，老王只能一笑而过，祈祷你们不要成为一地鸡毛中最靓的那根就好。

39

对　策

　　老王之前表扬过小王同学在现金流管理上的优秀表现，正因为现金流充裕，所以某些时候小王同学也很大方，时不时会请老王吃根冷饮之类的。有次，小王同学要去便利店买饮料解馋，出门前问了一下老王需要什么。老王一改常态，回了一句"最贵的"。没多久，小王同学就屁颠屁颠地回来了，手里只有他的可乐，老王什么都没有。按小王同学的解释，他找遍了便利店里所有的商品，发现最贵的是一瓶进口红酒，他倒是想买给老王的，但由于未成年人不能买酒，所以他也很无奈呀。好吧，这个理由老王接受了，不愧是老王亲生的，机智如他爹，活生生来了一出"上有政策下有对策"的经典桥段。

　　博弈论，是老王读研时迷上的一门理论，其中"囚徒困境"

的例子更是让老王学会了从对方的立场考虑问题。用博弈论来解释上面的例子就很通顺了。对老王来说的最优解"最贵的"并不符合小王同学的利益，而小王同学的最优解"不给老王带东西"也并不符合老王的利益，但由于老王没有任何惩罚措施，所以小王自然选择了他的最优解。可如果换成是王太呢，小王同学知道王太掌管着他的零花钱，所以小王同学尽管也会进行如上解释，但至少会带一样东西上来充充数，态度端正嘛，也是好的。这样纳什均衡就出现了，小王同学破点小财但保住了下个月的零花钱，王太虽然没有得到"最贵的"但体会到了小王同学的孝心，皆大欢喜。

政策和对策的对立，很大原因就是利益不一致所导致的行为上的偏差。正如本书《民主与集中》一文里谈到的，决定公司生死的战略调整因为一群只考虑部门利益的副总们的集体反对而被搁置，最终把公司逼到了死亡线上；再如《国企》一文中谈及的小鬼难缠，其核心也正是小鬼的利益与领导或公司的利益不一致，导致其工作态度、效率和效果大打折扣。

老王在公司管理上也常常会碰到这类问题，布置下去的任务就是落不到实处，要求的结果总是给打个折扣。为此老王操碎了心，比如为了提升日志的撰写及时率、为了鼓励业务人员管好带好实习生、为了提高业务人员为公司公众号供稿的积极性，都专门出台了相关的奖惩制度措施，将相关指标都列入年终考核的 KPI（Key Performance Indicator，关键绩效指标），该奖的奖该罚的罚，绝不留情。效果么，等年终考核再见分晓吧，说不定明年老王还会出台新的制度措施，反正公司的制度措施已经一摞高了，不在乎再多几个。不过话又说回来，当胡萝卜或大棒都没有效果的时候，也确实是要反过来重新思考和定位政策的合理性了。

前几天，老王整理书柜时翻出了当年的研究生毕业论文，就是在博弈论基础上开展的《国际研发合作问题研究》，里面一堆的当时老王引以为傲的数学推理公式和各种曲线图表。多年后的今天，当老王再次翻看的时候，心情应该和当时的导师一样：啥玩意啊，居然看不懂了。早知如此，老王当初年轻时就不该那么"浪"呀。

结尾处，也借此篇遥祭老王的导师王建华教授，愿其在天国安详。

40

高尔夫球

高尔夫球又被称为"绿色鸦片"，意思是沾上这玩意就会上瘾。老王不幸在三年前摸了一下杆，就一头扎进去出不来了，不仅老王自己出不来，还把小王同学也带了进去。用小王同学的话说，他之所以会练高尔夫球，就是为了将来等老王老了以后，可以陪老王下场打球，孝心可鉴啊。好吧，这个理由老王接受了。去年暑假，老王和小王同学在昆明避暑集训，专门请了台湾教练对小王同学一对一指导，很有效果，因为在其中一场球里小王同学赢过了老王，可把小王同学乐坏了，说这是他人生中第一次赢了老爹，值得纪念。老王顿时感觉小王同学练习高尔夫球的动机没那么单纯，仿佛是在为将来球场上虐老王做准备呢。

老王之所以选择高尔夫球，其一，这是一项可以进行到老的运动，老王在球场上见过不少八十多岁还在挥杆的球友，打球时动作飒爽，打完球步履蹒跚，感觉判若两人。其二，高尔夫球也能给老王带来很多人生感悟。

首先，高尔夫球是个技巧性很强的运动。一是要稳，杆头就半个巴掌大，最佳击球点也叫甜点，也就一个指头大小，从上杆到下杆那么大的幅度和距离，不稳是击不到甜点的；二是身体要协调，力量是靠身体带出来，而不是用手打出来，手越发力球越打不远，越轻松球反而打得更远；三是击完球不能立刻抬头去看球往哪里飞，只要一看球，身体就压不住，那这球就妥妥的"草上飞"了。所以，高尔夫球运动里有句至理名言——"绝不发力，死不抬头"，听着是不是有点心灵鸡汤的味道？

其次，高尔夫球对心态要求很高，一杆没挥好不能影响下一杆，一个洞没打好不能影响下个洞，每一杆、每一洞都是重新开始。说得容易，做起来太难了。心里说要放松、放松，身体却很诚实地紧张，最后打出去的球自然惨不忍睹。至于球场上因为一杆没打好导致整个洞崩盘，一个洞没打好导致整场崩盘的，老王自己身上都有数不过来的经验教训，就不说别人了。所以老王一直把打高尔夫球作为训练自己心态的有效方法。

最后，高尔夫球还对礼仪有要求。除了着装要求外，还有诸如在别人击球时噤声、果岭上不踩线、别人击出好球要叫好鼓励等约定俗成的礼仪要求。所以高尔夫球也是一个有着严格规则和礼仪要求的运动，并不是大众所理解的有钱人可以为所欲为的地方。

　　老王有个项目老总，跟老王一样也是高尔夫球爱好者，也一样把儿子带进了沟，不过他儿子可比小王同学努力和争气多了，才练了一年多，已经可以参加少儿组比赛了，虐他老爸也是妥妥的。项目老总跟我总结说，打高尔夫最大的好处是睡得早、起得早，身体恢复了健康。老王深有同感。老王一直是打早球的，天热时早上6点开球，天冷时也不会超过早上7点，一个人一场球下来两个小时多一点搞定，这样还能赶在9点半前到公司，元气满满地开始一天的工作。既然要打早球，前一天怎么可能有应酬或者应酬到三更半夜呢，除非老王的时间管理比得过小猪罗志祥，所以王太和项目老总的夫人在这点上都是举双手支持的。

　　老王和项目老总约好了，再练上个几年，等过了五十岁，携手去打老年常青组比赛，什么老了儿子陪下场啥的，都不靠谱。

41

女强人

老王每年都要对所投项目做两次例行走访，上下半年各一次，都会由老王亲自带队，业务部门、风控部门再加上基金投资人代表，队伍浩浩荡荡，最多时能有十几个人组团。由于老王管理的几个基金目前都处于退出期了，所以在最近一次例行走访中，"退出"就成了老王和项目老总必聊话题之一。记得在和一个项目女老总谈这个敏感话题时，老王突然发现氛围不对了，项目女老总仍然在会议桌对面很仔细地听着老王的对赌和回购要求，但那双眼睛却越来越红，湿气越来越重，似乎老王语气只要再加重，那泪水就要喷涌而出，老王只能转变语气语调，改严厉为安慰，这天简直没法聊了。

老王在女性创业者面前"落荒而逃"已经不是第一次了，每次都历历在目。

还记得老王之前谈到过的利用造假财务数据坑了老王前东家2500万元最后还能在佛罗里达海滩悠闲晒太阳的项目女老总吗？老王跟她也有过一段交集，还作为股东帮着她一起找过后续融资，但其间也是因为一件小事，让老王从她面前落荒而逃。也幸好这落荒而逃，才没让老王陷入这日后的惊天爆雷之中。

老王在前东家的第一个项目，董事长是女性，擅长各种资源整合，总经理是男性，业务上是一把好手。开始两人配合还算默契，颇有"男女搭配干活不累"的味道，可等老王投资以后，随着业务迅速发展，两人对公司战略定位和新业务的风险承受能力的看法开始出现了分歧。老王等股东均倾向于支持总经理，于是女董事长各种情绪化的动作就开始出现了，诸如声泪俱下地哭诉、不签署股东会董事会文件、会议中摔门而出等，把老王等一众搞得精疲力竭。最后大家只能齐心协力把她请出了股东之列，把总经理扶正为实控人。女董事长结局也不错，拿着股东们的转让款在G20峰会前入手了一批物业，之后妥妥地跨入了亿元富豪俱乐部。

老王还有一个项目是夫妻档，老板是实控人，老板娘掌管财务。老王之前也提到过，跟这个项目整整纠缠了两年多才实现了投资。在老板娘没彻底退出公司管理之前，老王一直感觉实控人是老板娘而非老板。因为老板娘抓着财政大权，不给报销、不发工资就能把老板的任何决定推翻，后来也只有老板娘退出公司管理后，公司的职业经理人制度才真正建立起来。老板娘人很好，没有坏心眼，只是被格局和眼界所限，导致公司走了不少冤枉路。为了让老板娘能顺利退出，老板和老王是想了各种招数皆不管用，很是尴尬不堪，最后还是送子观音施以了援手。

老王这篇文章并不是反对女性创业，只是想说女性创业有更多的挑战需要面对。

一是来自结婚生子的挑战，世俗的力量是强大的，强大到有时只能做单选题，是选事业还是选婚姻。老王周围所见的项目女老总们，不乏单身的和离婚的，能平衡好这条的，真的是少之又少。

二是女性的情绪管理，尤其是极限压力下的情绪管理非常重要。比起男性，女性的压力承受极限要弱，情绪崩溃来得快，往往会在重压之下、关键之时做出错误选择，或者是更糟糕的"不选择"。老王前东家的老大哥就总结过，"坚决不投女性创业者项目"，这句总结的话里满是辛酸。

当然老王身边也有成功的女强人的范例，情商高、能力强，人美、身材好，对外能强力整合资源，事业蓬勃发展，对内有个贤内助老公和萌娃，生活和和睦睦，事业、生活都规划得妥妥的。老王一直怀疑她是不是个创业狂人错投了一个女儿身，她也自诩是个男子汉，能和老王做好哥们。好吧，自认是老王这个哥们的，回头请老王撮一顿就好啦。

42

Live in office

Live in office，如字面意思，就是在办公室搭床，工作生活合二为一了，这可是爱司如家的最高境界了。当然这爱司如家的境界也分三个层级：初级，就是整个折叠床，随时准备拉开熬夜加班；中级，就是有个带床的休息室，除了午休外还能维持较长时间的熬夜加班；高级，那就在办公室边上专门配个洗卫娱乐齐全的可全天候使用的类公寓的房间，推开门就上班，关上门就下班。

老王目前介于中高级之间，硬件上已经满足了高级配置的要求，但在使用频率和效果上还处于中级阶段，多为午休所用，除此以外就是为了第二天起早下场打高尔夫球而在公司住一晚。大家可能没有在公司过夜的经历，老王经验可丰富着呢，你想啊，整层楼就你一个人，想怎么疯就怎么疯，白天被各种规矩所束缚的情绪都在夜晚被释放出来了，比那揍人偶来发泄情绪要好使多了。老王的合伙人就曾笑说，老王住公司那就是一人独享整个公司空间，豪宅梦提前实现。

老王住公司，基本上不是为了加班，因为加班一般都是老王布置给别人的。但老王发现，一旦要加班干活，在公司的效率远超在家，甚至比白天上班还高。比如老王杂谈，一半以上的篇章都是老王晚上在办公室写出来的。老王这里就有几个项目老总把家安在办公室边上的例子。

有一个项目女老总，创业伊始就住在公司，全部精力都在工作上，根本无暇顾及个人问题。唯一的变化就是，随着公司不断发展，办公室的住宿条件越来越好。最近一次老王走访去她办公室，除了办公桌和小会议桌占据了一小半空间外，一大半空间已经被大电视、大沙发、大茶几所占据，让老王突然有种进了私人豪宅大客厅一般的感觉。而且布局中不乏温馨居家的细节，虽然是创业女强人，可毕竟还有颗温柔少女心呀。她的项目是做 VR 步行机的，就是电影《一号玩家》里玩家进入虚拟游戏时站立的那种设备，项目老总也是资深游戏玩家，每天都要在自家设备上玩上好几个小时，据说特别能减肥。美女老总给老王传经送宝，说住办公室的好处就是别人用来上下班的时间，她可以拿来玩游戏瘦身，结果一不小心就玩出了傲人身材。

还有一个住在公司的项目老总，情况和老王差不多，都是家在上海、公司在杭州，属于"杭漂"。唯一不同的是，老王每个周末都要回上海，因为王太曾说过，不回来的话那就别回来了，这话细品之下有点恐怖呀。项目老总则不同，他是按年来算，每年回上海几次看看妻儿，其余时间吃喝拉撒睡全都在公司。老王曾问过他怎么协调事业和家庭的关系，项目老总直言，公司小的时候还能分点精力出来顾家，公司做大了，有了上百号人之后，那就只能先顾公司，把家往后放一放了。后来项目老总也离婚了，但另有原因，是另一个故事了，老王以后也会为此单开一篇，探讨婚姻问题，此处就打住了。

老王投的项目有不少是异地创业的，项目老总的家和公司不在同一个城市，大部分人会在公司附近租住一套公寓，还有一小部分人会把家搬迁到公司所在城市，只有极少数人会选择居住在公司。老王在这里并不是要鼓励大家都住公司，因为前面两个项目的发展并没有因为老总住公司而有特别的发展或不一样的地方。老王唠叨这个话题，也只是想让大家伙多体会一下，创业真的是个艰辛的活。

43

董事长

有个段子，说炒股炒成股东、炒房炒成房东，说的大概就是老王这样的人。老王还要再添上一句，即投资投成董事长。老王本就是做财务投资的，既不在项目长期蹲守，也不干预项目日常经营，全靠项目老总的良心吃饭，项目发达了老王就跟着一起发财，万一项目搞砸了那就只能看老王的良心了。能把老王从小股东逼成董事长的项目也是有故事的，里面满满都是老王的辛酸泪呀。

前世。有个项目是做人像摄影的，与海马体、天真蓝属于竞品，初创时就奔着品牌招商加盟去的，团队都是摄影圈里的大佬。模式成熟、团队资深，老王没有理由不参与，于是用一个小基金投了 300 万元，团队自筹 100 万元，就这么开始了。

可理想丰满现实骨感，新品牌哪那么容易招加盟商，无奈只能自己先开样板店，没想这一开就刹不住了，短短半年就开出 6 家门店，高峰期员工有 90 多人。好家伙，真把自个儿当成有"金主爸爸"罩着的熊孩子，可劲在那烧钱啦。结果不出意外，团队自筹的 100 万元，股东前前后后借款的 100 多万元，老王投资的 300 万元，以及 6 家门店 2 年累计收入 300 多万元，总共 800 多万元负债，就这样交了学费，打了水漂。

自救。危机下自然要自救，先砍门店，最后只保留了一家经营最好的门店，再砍人，砍到最后只剩不到 10 人，最后换了 CEO。据第二任 CEO 自己调侃，说是被第一任 CEO 给忽悠进来的，原先只说是来帮一下忙，没想到来了就莫名其妙当了 CEO。这小伙子是个文青，也没太多办法改变现状，只能守着最后一个店慢慢续命，靠时有时无的团单喝口汤，除此之外还有一个习惯，就是每隔 3 个月请老王吃顿饭，每次饭后都一如既往地、执着地向老王借钱交租。前两次鸿门宴，老王没搭理，最后一次鸿门宴，老王才和小文青约法三章，团队借多少给公司，老王也同比例借多少但上限不超过 10 万元，且老王的借款只能用于老王指定的支出，比如系统开发等，团队的借款则可用来给交租续命。最后因为这两笔借款，项目终于喘了一口气。

新生。唯一的门店撑到租约期满后也关门了，小文青离开了公司，就在老王做好全盘清零的准备时，项目迎来了第三任 CEO。他是项目创立时的元老之一，之前一直担任副总，这次在最困难时挺身而出了。老王之前的鸿门宴借款虽然不多，但也开发出了一个初级平台系统，让项目看到了从经营传统门店转变成为小 B（bussiness，商家）赋能的互联网公司的希望，并且系统试用之后数据确实有一定基础和增长性。于是老王头脑一热，就个人追加了 150 万元的投资，但要求公司战略发展必须按老王的规划来，二是 CEO 自己也必须出资不低于 10 万元。然后老王又和原来股东协商，做了一系列制度上的安排，确保项目成功后在原股东权益没有受损的前提下，老王和 CEO 对项目有控股权。于是项目迎来了新生，老王也终于荣登董事长一职。

征途。老王新的投资到位后，项目虽也有磕磕碰碰，付了不少学费，但至少大方向上没有再出过错，目前已经有了大大小小近 50 家加盟商，而且项目还自营了一家加盟店，再加上团队自己努力及靠着老王这张老脸忽悠来的团单，项目至少能够养活自己了，并且华丽地转了个身，变成人像摄影领域的"互联网+"典范。记得投资之前，老王曾和 CEO 约定，工资必须靠项目自己赚出来，老王投资的钱只能用来应急发 3 次工资，实际一年多运营下来，CEO 只动用了 2 次应急工资的机会，还剩余 1 次，老王是真心希望这最后一次永远也用不到。

回看这段历程，老王也感慨万分，第一次投着投着变成了董事长，如果是利润过千万元的好项目也就算了，可这戴着董事长的帽子干着消防员救火的事，要多苦就有多苦。但当老王和创业者真正站在一条战壕里共同面对和解决危机，那种成就感真的和单纯投资带来的成就感不一样，也许这就是创业的魅力所在吧。从 LP、GP 到项目董事长，老王的职业生涯也算是完满了。

44

婚 姻

　　某天，一个项目老总请老王吃饭，说要给老王看些重要的文件，很是神秘。老王胃口被吊得很高，后来才发现是一张离婚证和一份离婚协议书。一开始老王还嗤之以鼻，但听完前因后果之后，就转成了感慨。原来因为经营上的需求，项目公司要向银行申请信用贷款，银行则要求项目老总承担连带责任，而且是夫妻俩一起签字才行，可夫人不乐意，老丈人那里也坚决不同意女儿签字。但如果贷款不下来，项目很有可能就要失败，上百号人就要失业。项目老总最后一咬牙，逼着夫人必须在担保合同和离婚协议里面选一个签，于是就有了这个结果。项目老总还算仁义，离婚时将房、车、子及家里的存款都留给了前妻，自己只拿了公司股权，几乎净身出户，而且还承诺如果将来公司上市了，他不复婚的话，还会再赔偿前妻2000万元。在这件事上，老王还是支持项目老总的决定的，只能同甘不能共苦的，怎么能成夫妻呢？老王唯一腹诽的就是，这项目老总把离婚加码抬得这么高，明显属于哄抬价格嘛，一点空间都不留给其他兄弟们。王太听了这事，连连点头，说终于有了像样的模板了。唉，脑壳疼。

细数过来，老王身边离婚的项目老总不在少数。既有比老王年轻才三十出头的，也有比老王大十来岁的；既有因感情不和而分的，也有项目老总这样因为突发事件而分的；既有离了以后又马上二婚的，也有至今单身逍遥快活的。有次老王和王太掰着手指头细数这些离了婚的项目老总，不巧老王的丈母娘在边上竖起耳朵听了去，老人家后来很紧张兮兮地去单独问王太，说老王是不是有啥想法啦。王太哭笑不得地回她，就是纯聊天，没状况。看来，婚姻这事还真不单是两个人的事，而是两个家庭，甚者两个社群之间的事。

谈到婚姻，老王和王太才一起走过16年，也就是刚刚过了水晶婚，实在没有太多经验可以分享，所以老王只能从一个直男角度谈些观点，也不知道对不对，不喜勿拍砖。

首先，老王一直觉得婚姻跟事业一样，是需要用心经营的。何为经营，简单说就是，"目标确定＋打怪升级"。事业上，加薪升职、生意兴隆就是目标，在实现目标的路上，会不断有问题和挑战出现，那就用心解决，坎过了就海阔天空，坎过不了就一地鸡毛，或休整再来，或垂首放弃。婚姻也一样，激情退去、亲情上场后，携手白头就是目标，一路上也会遇到柴米油盐、七年之痒、婚外激情、中年油腻等各种问题和挑战，你不打起十二分精神去应对，而指望通过另一半的努力或牺牲来过关，这是多幼稚的想法呀。这就好比有个刁蛮客户，你不好好伺候着，而是坐等客户转性子主动来找你签单，你是看不穿自己，还是看不穿这个世界呀！

其次，何谓"感情不和"？回答这个问题前，老王先说说多巴胺。据说人的激情就是这玩意在背后搞的鬼，但对同一事物产生的多巴胺最多只能持续三到六个月，如果不能在这段时间内把激情转变成亲情，那恋爱就比较难以走进婚姻了，因为亲情后面还背负着一种叫责任的东西。所以当步入婚姻之后，所谓的感情不和，到底是哪里不和了？七年之痒的时候，难道多巴胺没了就意味着责任也就没了吗？婚外激情的时候，难道是新的多巴胺多到足以压过责任了吗？因此经营婚姻，如何平衡好激情和亲情、多巴胺和责任，那可真是个技术活。

最后，老王和王太也聊过婚外激情的事，王太当时是这么敲老王木鱼的。她不管过程只管结果，只要查实，那老王作为过错方必须"净身出户"，这老王认了。过了半年，王太有了新思路，认为"净身出户"还是太便宜老王了，毕竟王太最美好的韶华给了老王，所以必须对老王"终身追责"，就是老王净身出户了还不算，老王以后所有的收入都必须用来赔偿王太，以终身保持净身的状态。好吧，老王也认了。再后来，不知被哪部神剧洗脑，王太放出了终极大招，对老王宣布她的字典里永远不会有"离婚"这词，只会有"丧偶"，这是要钱不要命的节奏呀！大家伙现在应该知道老王苦心经营婚姻的原动力来自哪里了吧。

45

机会

　　最近不少朋友来看望老王，都有围绕两个话题。一个是冲着老王杂谈来的，见面第一句话就是"要坚持更新啊，每天就等着看呐"，再过分点的还会提能不能一天两更，搞得老王很是惆怅啊，当初说好就写 10 篇的，怎么如今被催更成这番模样了。另一个就是和老王探讨投资机会，好项目永远是第二个话题的核心，其间朋友们还会不时拍拍腰间，意思是不差钱，老王这里要是有好项目，一定要带着他们一起玩。于是老王更加惆怅了，现在可是资产荒，好项目稀缺到有钱也抢不到，而能拿到手的项目又下不了嘴，老王自己手里管的钱都花不出去，实在是带不动兄弟们一起飞呀。

　　老王做投资这么些年，有个小小的心得送给大家，就是，露头的好项目不好找，但还没露头的机会却很多，细心留意身边，说不定就会有惊喜。正如张宇《小小的太阳》所唱，"我却迟迟都没发现／真爱原来在身旁"。

先来个硬菜，说说支付宝吧。正因为支付宝解决了信用和资金流问题，完成了电商模式的闭环，才有了后来淘宝和阿里巴巴的一飞冲天。至今许多人都把支付宝看成惊世之作，但在国际贸易专业毕业的老王眼里，它就是个信用证的翻版而已。国际贸易买卖双方不碰头，通过传真确定订单，买方在银行存入资金开出信用证给卖方，卖方将货物交给承运方后，带着承运方收货的单据和信用证再到银行去拿钱。整个流程的核心就是银行居间，让买卖双方放心交易，支付宝设计之初的核心逻辑亦是如此。而信用证更复杂，各种术语如 FOB、CIF（Cost Insurance And Freight，到岸价格）等，比如 FOB（Free On Board，离岸价格），意思就是卖方只要把货物交给承运方后就可以拿钱了。换支付宝来试一下，卖方把货交给快递公司，支付宝就把钱打给卖方，你看买方不用小拳拳锤死你。别问马爸爸为什么会那么聪明，想想阿里巴巴是干什么的你就懂了。什么叫触类旁通、举一反三，支付宝就是呀。

老王投过一个 VR 项目，当年是风口，项目老总为了产品外销，专门组织了一帮人马做海外众筹，后来由于步子迈得太大，风口又骤停，导致项目面临困境。老王和项目老总复盘后发现，除了一堆技术积累外，海外众筹团队和经验也变成了公司的宝贵资产。项目老总据此二次创业，组人马搭平台，帮助国内创意项目在海外众筹，也渐渐有了起色，据说今年的目标是完成 8000 万元的销售。本来都快要解散的一个团队，结果硬是带着公司打了一个翻身仗。

老王还投过一个游戏制作公司，主打休闲类手游。在前两年游戏行业政策严控时果断向海外进军，起先是自己的产品出海，后来渠道摸熟了，就开始帮兄弟公司的产品出海，帮着帮着竟然帮出了一个大生意，转型成了国内休闲类游戏的海外发行平台。而且一步领先步步领先，现在俨然是一个细分行业龙头的模样。

现在直播带货是风口，但盈利门槛太高也是不争的事实。虽然直播带货挣钱难，可直播带货培训一直是门好生意呀，包括之前网红风口下的网红培训。老王是用浴缸理论来解释的：只要把浴缸的塞子拔了，整个浴缸的水都会往这唯一的出口涌去，这其中自然生意多多。虽说成功概率仅万分之一，但谁都认为自己是那个一而不是那个万。

所以别老盯着风口，多看看身边，多琢磨琢磨自己熟悉的生意，换个角度思考，机会说不定就出来了。

46

政 策

最近老王正在例行半年度的项目走访，突然惊闻帝都疫情又抬了头，幸好老王在帝都的两个项目都不在此次走访之列，还稍微可以松口气。不过小王同学却又蹦出来凑热闹了，在老王出差的前一天晚上来了一出呕吐大表演，吓得王太第二天一早连忙跟班主任请假，准备休息一天。班主任第一句问有没有发烧，得到否定回答后，第二句就是告知王太，根据市教育局规定，凡是呕吐腹泻的一律在家观察72小时后才能去学校。看着第二天晚上就活蹦乱跳、吃嘛嘛香的小王同学，王太只能感叹"请个假还能买一送二"，然后打了个无语的表情发给旅途中的老王。

首先，过去对于这样"一刀切"的政策，老王确实也会有怨言，但在疫情这样的战时状态下，"一刀切"的政策和不讲情面的执行力度，其效果是有目共睹的，尤其是在海外抗疫这朵绿叶的衬托下，更突出。老王反复思量，觉得"一刀切"在平时状态下也仍有其存在的合理性。

第一，一个政策所针对的事或人都存在多样性，地区有发达和欠发达之分，人也有强和弱之分，很难有一个政策能顾及所有，所以只能在中间划一刀，要么靠左要么靠右，但划定之后两边都要往中间靠，能不能适应只能看自身了。就好比美国有两个时区，但中国只有一个北京时间，划定之后，新疆地区只能晚上10点吃晚饭、凌晨2点睡觉、早上10点起床，不行也得行。

第二，中国人太多，聪明人也太多，会钻空子的聪明人更多。任何一个政策如果不"一刀切"，而是留有活口的话，那一定会成为溃堤的蚁穴。因为只要有了活口，比如用来保护弱者的活口，那强者都会把自己扮演成弱者来钻这个空子。很多原本出发点很好的政策最后执行得走了样，不是被蚁穴给蛀空了，就是为了防蚁穴不断打补丁最后给打走了样。这次疫情就有太多匪夷所思的例子，比如在强制隔离的政策下各种奇葩的闯关冲卡举动，比如在健康码政策下举家旅行而在家专门放一台手机刷绿码等。此外，老王还回忆起本科的一位同学，在高中的时候就来往于上海和外地之间倒腾国库券，钻的就是两地之间国库券利差的空子。所以千万不要低估国人钻空子的决心和智慧。

其次，政策的好与坏，大家伙也别用自己的标准来轻易评判，老王一直说充分的信息才会有充分的判断，你用自己那点信息量得出的好坏判断，在政策制定者的更庞大的信息量来看，结果一定是不一样的。所以多关心时政，多阅读政治经济类著作，掌握更多的有效信息，对大势和政策的判断就会更得心应手。

比如 2008 年金融危机时，四万亿元的大放水，老王就知道不会对物价造成剧烈冲击而引起通胀。因为四万亿元中大头都分给那些原本就富裕的央企、建设方、承包商等，进而以投资方式进入了两个蓄水池——股市和房地产，而只有很小一部分以工资形式进入了民生领域，自然也就无法形成剧烈冲击。也正是有了股市和房地产这两个蓄水池，所以我们才一直敢用且乐此不疲地用政府投资来拉动经济。货币超发了，没关系，股市跌一下蒸发一点，或者房价涨一下锁上一点，不就完美了。

但目前两个蓄水池容量都不太够用了，股市"跌跌不休"、房价上涨乏力，怎么破？想想为什么农村户口这么吃香，再琢磨琢磨林权交易试点有啥玄机，如果基层民主能还再完善一下，那么第三个蓄水池是不是应该就呼之欲出了。老王在这里就留个念想，20 年以后再来复盘吧。

47

思路清奇

　　这次老王又要揪小王同学的小辫子了，对此小王同学已经无力吐槽，只会弱弱地回一句，老王是个"坑儿子"的货。老王立即反驳，小王同学打小就睡在老王和王太中间，所以小王同学不仅坑爹，还是个坑弟弟妹妹的货。言归正传，话说一般父母都会用离婚的话题来逗小孩子，问他们一旦父母离婚会选择跟谁。老王和王太在小王同学还没上小学的时候也逗过他几次，答案都很统一——小王同学都选跟妈妈，理由很简单，老王同志对小王同学打骂有加，不是个好爸爸。小王同学有次被老王打急了，竟然哭着大嚷，要求妈妈给他换个爸爸，这个爸爸太凶了。后来小王同学读一年级的时候，老王和王太又逗了他一次，这次小王同学的答案很令人诧异，居然是选爸爸，说是要等继承了爸爸的家产之后再回去找妈妈。这答案当时就把老王给整懵了。这么清奇的思路，不愧是老王亲生的，机智如他爹。前有王太"丧偶"的威胁，后有小王同学"继承家产"护航，老王的婚姻总算是上了双保险，妥了。

思路清奇，实际上就是要另辟蹊径，在困境中寻找破局之路，不管剑走偏锋也好，逆向思维也罢，只要有出路，思路再清奇也是合理的、必需的。老王投的一个项目就有点这个意思，老王在处理这个项目时也思路清奇了一把。

这个项目是做恋爱养成类游戏的，与女性向的《恋与制作人》类似，不同的是，这款游戏是男性向的，而且是真人拍摄的视频互动，而非《恋与制作人》那种纯二次元动漫。老王之所以投这个项目，并非看中它的游戏属性，而是认为，真人视频互动会有很大概率把付费玩家转化为游戏中真人女神的现实粉，继而在粉丝经济上再赚一笔。要知道，一个游戏几百万的付费用户不算啥，但一个网红能有几百万个付费粉丝那可是顶级的大网红了。所以老王要求项目老总除了做好游戏的开发运营外，还要去整合网红和艺人经纪的资源，后来项目老总还真的投资控股了一家艺人经纪公司。为此，当项目方原本只要求 600 万元投资时，老王认为不妥，说项目还要做艺人经纪的，最后大笔一挥直接给了 1000 万元。

理想丰满、现实骨感，老王每次说这句话时就意味着项目不怎么灵光了。果然，由于这两年大陆地区游戏版号的严格控制，加上男性向的真人视频审核上又碰到诸多问题，虽然游戏在台湾地区公测时无论留存率还是付费率都可以达到 S 级（顶级），但大陆地区一直没有大规模上线，只在安卓平台上了几个月，而且数据也远没有在台湾测试时那么火爆。项目老总也不断地尝试将游戏移植到 NS 平台[①]，结果也都不甚理想。就这样不到三年，老王投的钱也被消耗得只剩下 200 多万元，项目也渐渐地滑进了老王的问题项目清单里了。

柳暗花明又一村。项目本体虽然困难，但项目当初控股的艺人经纪公司却异军突起，借着网红经济和直播带货的东风，成功地培养出了吃播界全平台的头号 IP，大胃王浪胃仙，无论粉丝数、点击量和点赞数都处于绝对的头部，盈利模式上也从原来的探店开始转向直播带货，虽然带货经验和资源还稍有欠缺，但滑行起飞势头已经非常明显了。这次项目走访，正是老王让项目老总把经纪公司女老总也一起喊上，才发现这个父弱子强的格局；而项目女老总也才知道老王手里还有那么多的直播带货资源，求"带飞"的意愿非常强烈。

于是老王当场就做了决定，让项目老总转让部分经纪公司的股权给老王，老王从经纪公司的间接股东变成直接股东，这样共赢点就出现了。

首先，老王同意，从经纪公司这里获得的收益，包括分红、股息和股权变现收益都可以用来抵扣项目老总的回购金额。这样

---

① 指任天堂出的一款掌上游戏 Nintendo Switch 的游戏平台。——编者注

项目老总的回购压力就被分担了。

其次，老王作为经纪公司股东，可以直接将手中资源给经纪公司，而不用再经过项目老总转一道。这不，决定刚做出，老王立马就指派投资经理打"飞的"赶过来一对一服务了。

再次，转让后，项目公司不再是经纪公司控股股东了，也可以专注于自己的游戏业务，安心做小股东就好，老王可是会替项目老总盯着经纪公司的。

最后，借这次转让，老王也根据经纪公司女老总的要求安排了股权激励机制，也对女老总提出了业绩要求，真正把经纪公司作为一个独立项目来发展，未来可期。

老王这么一个清奇的思路，虽还不知道最后结果到底是好是坏，但总算摸出了一条困境的破局之路。真正的结果要过两年才能再给大家唠叨了，敬请耐心等待。

48

劫

庚子年劫数太多，应接不暇。往大了看，从 1840 年鸦片战争、1900 年八国联军侵华、1960 年三年自然灾害，到这次庚子年的全球疫情流行，国内疫情反复，中美脱钩加速，经济也是元气大伤。多难兴邦，好在大家都还能团结一心、共渡难关。从小了说，老王今年也属于风水上的刑克之年，说是命格比劫重，一是会受人牵连，二是会破财，三是桃花劫重。前两者都有应验和征兆，尤其在破财上，老王的搓衣板官司今年年初终本了，也就是司法流程都走完了，案也判了、执行了，能拿回来的都拿回来了，拿不回来的就看老天的了。老王算了一下，损失能有小百来万元。至于下半年还会不会有破财之相，就看老王口袋子能不能捂紧了。还有就是，2020 年经济形势下行，老王手里好几个项目有爆雷的可能，这也应该能和第二条劫挂上钩。可第三条桃花劫又是什么？老王回去要和王太好好琢磨琢磨，这劫有点重，老王一个人扛不住啊。

虽说封建迷信思想要不得，但碰上了心里总会有疙瘩。所以老王趁在山东走访项目期间，经王太批准，寻到了那家曾给老王的项目老总做法灵验的道观，也做了个法事，去去晦气转转运。做法过程就不详叙了，反正老王是跪了一炷香的时间，膝盖有点疼，不过按道长们的说法是会比较顺利，所遇到的问题都会涉险过关。在老王身后护法的道长事后跟老王解说了其中的几条道道，挺有意思的。

第一，老王举香跪拜时，那香冒出的烟都是往西边飘的，西对应金，也就是和钱有关，西又对应水，和女性有关，所以老王的劫数都应在这上面。

第二，老王焚烧表书，也就是对上天表达心意的文书，开始时火苗不旺，也就燃爆了一小声，就在护法道长担心之余，最后那一声大爆，迎来了圆满。道长解释说，如果没这大爆，后面的法事还要增加好几个流程，时间也会拉长。

第三，这次法事的日期时辰选择得非常好，而且还下着雨。老王开始还担心下雨会不会影响效果，但道长们说，这是好事，是水火相济的卦象，非常圆满。所以这次不光老王顺利，和老王一起的项目老总来补做上次法事未完之事，也是异常顺利，用时也缩短了一半。

第四，老王还特别请教了一下桃花劫的事，道长说，西对应着金和水，所以女性也代表着财，桃花运在一定程度上其实也意味着财运，桃花围在身边代表着财运也旺，无非就是要把控住自己，不要去搞那些乱七八糟的事情，否则让桃花运变成了桃花劫，不仅财运没了，还会影响家庭。总之，围而不打就有财运，忍不住咬了就惨了。嗯嗯，老王听懂了，这道长是继王太、小王同学之后，给老王上的第三把锁。有这么多人护法，不光今年，这辈子桃花劫都不可能出现了。

第五，老王又请教了道长，老王之前很顺，就是今年诸多不顺，是不是动动祖坟会好一点。道长解释，在 2020 年大势不好的前提下，个人的运势的影响已经微乎其微了，所以要顺势而为，不能逆势强改，否则得不偿失。另外老王之前的顺利说明不是祖坟的问题，近来的诸多不顺主要还是大势在个人运势上的表现。确实是这个道理，2020 年会有多少人会创业失败、丢掉工作，个人运势这么看来自然是极差的。

老王是怀着轻松愉悦的心情离开的，虽然老王不信神佛，但还是有了一丝感悟。一是信仰这玩意在人身心疲惫、紧张、焦虑的时候，确实会起到一个舒缓和宣泄的作用。二是老王活到现在这把岁数，越来越发现心态的重要性，心态平和就诸事皆顺，心态出了问题一定会磕磕碰碰。三是道长们最后给老王提醒的一些应对法门，都是劝人向善、与人为和的处事方法，这样看来，万法皆通，做人与做神仙的道理都是一样的。

49

医药医疗

老王和医药医疗这个行业还是挺有缘分的。高考填报志愿的时候，临床医学专业曾经是老王的选项之一，后来还头脑一热报过复旦大学的生物技术专业，尽管最终录取结果是拜倒在了金钱裙下，读了经济学；老王毕业后进入股权投资行业，投资和管理过十来家生物医药企业，涉及生物芯片、基因测序、生物转基因、植物转基因、抗体药研发、生物靶向药研发、组织工程等；老王在前东家工作时还是生物医药小组核心成员，经常和生物学博士后们一起研判项目；老王还担任了十多年的政府科技项目评审，大多数都是生物医药领域的项目。所以，比上不足，比下有余，老王还是有点小经验可以分享，比如，老王就能一本正经地给大家解释，"组织工程"不是造房子的工程技术，而是造人体组织器官的工程技术。

单说组织工程，也非常有意思，即人体组织器官的修复和重塑，就是用干细胞来培养人体组织或器官，比如用骨髓干细胞来修复骨损伤或缺失、用上颚表皮干细胞来培养表皮细胞以修复皮肤损伤等等。就老王所了解，目前骨修复这块技术已经很成熟了，对于颅骨缺损或兔唇基本可以修复如常，而且因为用的是自体干细胞，所以没有任何排异反应，就像自己的骨头重新长出来了一样。你想想，这么复杂的人体组织都能给整出来，这脸上修修补补是不是小意思呀！所以，这个组织工程的项目老总，就是整个中国整形医疗界的"扛把子"，在中国最顶尖的两家整形医院都做过院长。和院长相处久了，搞得现在老王一看到网红美女，第一反应就是想问脸上哪里整过，效果如何，很是得罪人。

老王自然看好医药医疗前景，这不仅是万年刚需行业，还是投资人纷纷下重注的重要赛道。但或许是太熟悉，抑或是踩过坑的缘故，老王目前管的几个基金都一直没有再碰过医药医疗领域的项目，老王心中自然有其顾虑。

第一，医药行业自主创新项目少、研发周期长不说，关键是资本投入太大，需要投资人不断接力，更需要国内大药企在最后接盘，目前来看，国内接力和接盘的条件都不成熟。老王也有不少投资圈的朋友专注这个领域，做得也不错，但都比较辛苦。像老王这样的只在岸边走走看看还行，一旦扎下去，那就又要回到老王刚入行时管着一堆医药医疗项目一筹莫展的处境了。

第二，医疗器械领域，诊断检测类的还好说，进口替代品研发的趋势越来越明显，不过由于门槛不高，竞争肯定激烈。治疗类的进口替代品研发就比较难了，尽管在某些产品上，国产的质量甚至要超过国外，但如果主治医生推荐使用国产货却没有疗效，患者一定会投诉为什么不用"更好"的国外货，顺带还会揣测一下主治医生是不是收了国产厂家的"黑心钱"。所以主治医生一定会把这句话挂在嘴边推卸责任，"进口价格贵自然有贵的道理"，这样一来，有经济能力的谁还会选择国产的产品呢？所以器械难就难在，不是产品问题，而是终端应用的问题。

第三，医疗，也就是医院。老王是一直反对医院产业化和教育产业化的，因为医疗和教育都属于公共服务产品，理应由政府来提供，而市场化和资本的介入只能让其进一步畸形发展。医疗资源和病患往三甲医院聚集、基层社区医院空心化、遍地开花的莆田系专科和医学美容医院、矛盾激烈的医患关系，都是医疗产业化之后形成的顽症，就像教育产业化后带来的学区房畸形价格一样。再说互联网医疗，老王其实也不十分感冒，医疗行业毕竟有很高的壁垒，对于诊、治、药、器械都有严格的责任边界，试图用互联网手段来敲破壁垒、重塑责任边界，结果自然是头破血流。老王曾看过一个试图整合医美行业的项目，项目首先通过内容平台来聚合一批爱美女性，然后在平台上推荐医美机构，最后从医美机构那里拿佣金。逻辑没毛病，但有一个风险点老王心里一直过不去，就是一旦有了医疗事故，那项目会怎么样，项目老总认为医美机构会负全责，被老王追问急了后又说平台会投保高额保险。可双眼皮割坏了、鼻子垫歪了，能跟买了劣质产品一样，退个货、赔点钱就可以草草了事的吗？被毁了容的妹子不撸起袖子跟你干到底才怪咧！对这类项目，老王只能敬而远之。

50

童 趣

　　老王杂谈终于更新到半百了，离满百出书的目标也越来越近了。为了纪念这个有意义的时刻，老王决定这篇聊个轻松的话题——童趣，也就是记录一下老王和小王同学小时候的一些糗事。一来放松并自我犒劳一下近 3 个月来的坚持，毕竟还要再坚持 3 个月，还是需要歇一歇、打打气的；二来也用文字记录之前一直停留在脑海里的趣事，将来可以卖给小王太，反正老王小时候的糗事早已经被王妈妈卖给了王太，这也算是老王家的一贯传统吧。

　　下方高能，请收腹憋气，别笑出声。

　　第一，see you tomorrow。明儿见，其实是一种食材——金针菇，因为不易消化，今天吃进去啥样子第二天拉出来也是啥样子，故有此江湖名声。某次聚餐，小王同学和小伙伴对凉拌金针菇爱不释口，一人一份全吃完。那时小王同学还很挑食，难得见他如此喜爱一道菜，老王就铭记在心，后来再次聚餐时依旧点了此菜，没想到这次小王同学一口都没吃。细问之下才知道，上次聚餐之后的第二天，小王同学如厕时出状况了，没消化也就算了，关键小王同学吃得急，还没嚼碎就往下咽了，结果很悲惨，小王同学不得不学印度人才完成如厕操作。此事给小王同学落下了巨大的心理阴影。

第二，带歪的帽子。有次老王同学聚会，大家都拖家带口的，于是老王也带着小王同学一起参加。那时小王同学还很小，戴着一顶帽子，可爱得不行。老王的一位老同学故意把小王的帽子从他头上拿走逗他，没想到这下捅了马蜂窝，小王同学放声大哭，吓得老王的老同学赶忙把帽子戴回他头上，可小王同学还是大哭，说帽子戴歪了。老王的老同学左右摆弄了几次，小王同学说还是歪，还是哭，后来老王和王太出手戴也不行。老王生气了说你自己戴，结果小王同学稍微扶了一下帽子，就说好了，立马不哭了。顿时，老王异常尴尬。

第三，挨揍的屁股。"竹笋烤肉"是小王同学很小的时候经常会吃到的"大餐"。有一次，老王去拿小王同学吃剩的零食时，被小王同学勒令吐到垃圾桶里，宁愿浪费也不留给老王；还有一次是小王同学不知那根筋搭错了，非得让老王开着卫生间的门洗澡，不愿意就闹，结果自然是老王双手奉上"大餐"。当然更多的时候还是因为小王同学写作业拖拉而挨的揍。有次揍完小王同学的屁股，老王甩了甩手，说用力过猛手疼了，没想到正在嗷嗷大哭的小王同学听到后，突然破涕而笑，对老王说，你也会手疼啊，哈哈哈，笑中带泪。

第四，叫家长来学校。小王同学在小学时，作业是出了名的拖沓遗漏，有次班主任终于忍不住了，要见家长。王太布置任务说，平时都是她参加家长会的，这次"见家长"活动应该老王去，于是老王"一打三"地对付语、数、外三位老师的集体训导。班主任很是激昂，说现在高考压力那么大，不努力会怎样之类的。老王连忙回答，说小王同学将来是要出国的，不会在国内高考的。于是办公室瞬间安静下来，天就这么被老王给聊死了。班主任憋了半晌，最后终于憋出一句，"那底线总得有吧"。老王听懂了，连忙表态，一定让小王同学按时完成回家作业，但质量么就不敢保证了，老师您多担待吧，呵呵。

不能再写了，小王同学已经抗议了，因为上面的糗事，既有现在小王同学犯的，也有过去老王小的时候犯过的。老王的春秋笔法这么一糅，小王同学顿感背锅压力巨大，而且护犊子的王太也已经在边上准备榴莲壳了。至于哪些糗事是小王同学的，哪些糗事是老王的，大家就慢慢猜吧。

51

生态圈

当下出来融资的项目，尤其是互联网项目，如果不在商业模式或战略规划中沾点"生态圈"的概念，都不好意思出来见投资人。没瞧见那些头部的互联网大佬们正是靠着"生态圈"，把竞争对手一个个摁在地板上"摩擦"再"摩擦"，而自身身价也是噌噌地往上蹿，都不带踩下刹车的。所以商业计划书中，"生态圈"是必须有的，万一将来实现了呢？退一万步说，即使实现不了，可只要投资人信了，那也是好的，至少估值有了保障。

在项目走访期间，也常有项目老总跟老王探讨生态圈的话题。老王通常会用老王投资过的两个项目来举例。第一个项目，最早是做手游 CP（开发），然后逐步打通了 SP（渠道）和 DP（发行）路径，最后反过头来抓 IP（版权），建立游戏工厂孵化器，并配套了两个专项投资基金，一个天使基金加一个产业基金，在手游产业中形成了一个小生态圈，协同效应非常不错。第二个项目是做电竞的，项目并未从产业链上下游角度去构建生态圈，而是通过投资布局了相关产业节点，包括电竞赛事、电竞外设、电竞教育、网吧服务等，最终也形成了一个小生态圈。这个小生态圈内各个板块在业务上虽然没有很强的协同效应，但概念上整合起来却很能唬人，尤其是地方政府很吃这一套，所以项目也凭此拿到不少优惠政策的支持。

当然老王的两个项目只是基于某个细分行业构建了小生态圈，这样的小生态圈只要努力努力，还是有机会去实现的；而像 BAT（百度、阿里巴巴、腾讯）、TMD（今日头条、美团、滴滴）那样的大企业构建的跨行业多平台的大生态圈，只能说是时势造英雄了，是由太多不可复制的历史机遇催生的，大家伙看看就好，或者做做梦也行，可千万别太认真了。

对于小生态圈的构建，老王有这么一些粗浅的认识，和项目老总们一起探讨交流一下。

首先，小生态圈是往上兼容，而不是往下兼容。对上游供应商来说，你是客户，是"金主爸爸"，因而大可挟订单和收入去换上游资源，而换来的上游资源又会有效地降低成本、增厚利润。所以往上兼容，容易形成良性扩张的局面。反之，往下游兼容，则意味着你将损失收入或利润，去换取话语权并不强的下游客户资源，虽然也会有效果，但会很累，扩张速度也有限。所以要清晰地认清自己在产业链上的地位，往上和往下的空间到底有多大，如果在离钱近的下游，那就大胆往上游去兼容；如果是在最源头的上游，那就先老老实实地做好自己的事，想太多也没用。

其次，既然兼容往上不往下，那老王的建议，就是用"T字策略"来构建小生态圈，在上游把朋友交得多多的，在下游则要像钉子一样牢牢扎入整个行业，并形成自己的行业优势。其实老王前面介绍的第一个项目就是这样，从CP到SP再到DP，都是自己全权把控并形成行业优势，只有在源头IP阶段才采用开放合作态度，通过孵化器场地费减免和两个基金的投资去占据合作项目的少数股权，用股权和下游业务把合作项目绑在自己的战车上一起发展。

再次，小生态圈建立后，协同效应会增加，与对手竞争的手段也会更加丰富，甚至会出现生态圈小伙伴收入利润超过项目主体的情况。老王建议，必须坚持做好主业，不要因为小伙伴们的超常规发展而迷失自我。要知道生态圈的根是"T"字的那个钉子脚，只有钉子脚扎深了、扎稳了，才会有小生态圈和小伙伴们的大发展。就像腾讯一样，虽然收入大部分来自游戏，但社交仍然是腾讯身上最大的标签，是一个道理。

最后，在兼容过程中，孵化器和基金是最有效的手段。孵化器可以通过提供办公空间，让合作项目围绕在自己身边，既增强了沟通效果，也提高了管理效率；投资占股是最直接的兼容方式，而设立基金，一来可放大资金，二来在基金层面实际又做了一次资源整合。而最最重要的是，这两种方式都是地方政府招商引"智"最喜欢的，也是最愿意给政策和政府资源的。这都不好好用一下的话，就要好好反思一下了。

52

上善若水

老王办公室的墙上挂了一幅字"上善若水"，当时办公室主任让老王挑选字画时，老王脑海里第一个蹦出来的就是这一句。不为其他，就因为当年为老王和王太做证婚人的老领导，在证婚词中提到过一句，王太姓汪，乃王字边上加水，上善若水，故而王太的姓是大利老王的，于是这句出自《老子》的名言就在老王的脑海里留下深刻印象。现在老领导已退休在家，但也非常关心老王这个关门弟子的发展，会经常来电话嘱咐老王各种为人处事的原则，实在是受益匪浅，人生有此良师，确是大幸。

"上善若水，水善利万物而不争，处众人之所恶，故几于道。"这句话的意思是，最完美的品性就是如水一般，水有滋养万物的德行，它使万物得到它的利益，而不与万物发生矛盾、冲突，人生之道，莫过于此。老王行事处世也颇有点这个味道，拍集体照永远不会去抢所谓的 C 位，合作时抱着只要不触及底线利益怎么分都可以的态度，在对待朋友也会时不时在自己肋间插几把刀，否则也就不会有搓衣板官司了。但老王只是善若水，并不是傻，那些太过分的要求在老王这里也是过不去的，那些触及底线的行为老王也会与其斗争到底的。

舍得，先舍后得，也是老王的一个处世原则。细想下来，老王现在从事的股权投资也是一个先舍后得的活。把真金白银交给项目老总、创业者们去发展，换来的是要等项目上市或退出后才能变现的股权；持股期间还要尽心竭力地提供投后服务和资源，最后得到的也许是收益，也许是血本无归。所以在"舍"期间，心态一定要端正，除了要有上善若水的心态外，还需要从人性本善的角度来对待项目和项目老总。否则，整天想着法子与项目或项目老总争利，整天怀疑项目老总背地里干着损害股东的勾当，不仅心累而且还会激化矛盾，搞不好墨菲定律就找上门，没事也给整出点事来了。

物以类聚，人以群分。做事也是在做人，而且做人排在做事之前。老王做投资，其实也是在和项目老总、创业者们打交道、做朋友，有投资金额不大但性情相投的、有开始性情相投最后却反目成仇的、有真心相交的也有虚情假意的，林林总总，着实给老王刷了一波人生经验和阅历。现在老王身边能沉淀下来的，也都是和老王理念相同、性情相投的朋友们。有位项目老总曾笑说，看老王整天喝喝茶打打球就把钱赚了，就应该早点和老王混了，不像之前和另一个苦哈哈的投资人混，混得项目老总自己也苦哈哈。老王只能呵呵一笑，其实老王也挺苦的。

老王在"葱省"经道长们授教，明白了阳德和阴德之分。所谓阳德就是现世报，做了善事得了别人感激，是报在了自己身上；而阴德是做了善事，得善之人没有察觉也自然也不会感激，但老天会记得，会把这福报报到行善之人的后代身上。比如把停在盲道上的自行车摆放到正确的位置，再如随手把别人离开时忘关的水龙头关掉等，这类小善没有特定收益人，但老天会记得哦。所以"不以善小而不为""日行一善"都是有道理和玄机在里面的。按这个标准来理解，老王做投资，促进企业发展、间接解决就业，其实也是在积阴德咧，尤其是在目前疫情反复、经济形势下滑的阶段，老王对困难项目的对赌执行做出无偿延期 6 个月的决定，更应该是积德多多了。嗯嗯，看来小王同学应该会有福报了。

先舍后得、人性本善，有性情相投的朋友，给后人积累福报，构成了老王目前的工作和生活状态。也许会有些"佛系"，但老王自个儿乐呵就好。

53

对赌调整

投资人金主爸爸最高光的时刻就是撒钱那一刻，一旦出资完成后，就需要迅速完成身份的转换，在安心做好服务的同时，也要绞尽脑汁地找寻退出的路径，而最痛苦的就是卡在不退不进的关口。所以这次老王理论联系实践，整理了相对实用的一些技术和手段，希望对同行有所帮助和借鉴。

如何处理对赌，尤其是即将触发的对赌，对退不出又死不掉的项目来说，非常重要。如果处理不当，极易引发项目方反弹，最后出现两败俱伤的局面；如果处理妥当，则投资人和项目方相当于重构了合作关系，能不能共赢就看重构的关系是否持久有效。以下是老王的一些常用做法。

首先，对赌整体延期。

如果因不可抗力，或者政策环境变化，导致项目发展比预计有所延缓而无法完成约定的业绩承诺时，只要评估下来认为项目前景仍在，发展趋势也没变，项目老总仍然愿意为未来业绩拍胸脯，老王还是愿意采取"对赌整体延期"的措施。

一般做法是，在基金存续期内，项目的业绩承诺可以整体往后延期一年或者两年。比如某项目承诺"利润 2018 年完成 2000 万元，2019 完成 3000 万元，2020 年年底回购"，整体延期两年的话，就变成"利润 2020 年完成 2000 万元，2021 年完成 3000 万元，2022 年年底回购"。项目多了两年的发展机会，当然前提是 2022 年还在基金存续期内。

当然，对赌延期也不是无偿获得的，项目方必须为此向老王支付一定的费用，一般按投资本金和回购年化收益来计算。如前面案例，老王投资了 2000 万元，回购年化收益为 10%，那就意味着项目老总必须向老王支付 400 万元才能获得两年的对赌延期，项目老总可以用现金支付，也可以和老王协商后用股权折价来支付。

对赌延期，相对直接执行对赌，会更符合实际情况，项目方成本也更低，双方也更容易达成一致，是个不错的措施。

其次，业绩豁免。

完整来说，是项目后续融资过程中，如果项目估值达标的话，老王可以豁免相应的业绩承诺，视同其完成了目标。这个措施的核心逻辑是，股权投资关注的点还是项目估值。只不过在市盈率（PE）倍数下，项目估值可以用项目利润来计算，所以外界往往会有误解，认为老王等投资人只会看利润。假设 PE 为 10 倍，那么 2 亿元估值和 2000 万元利润对老王来说，其实是一样的，项目没能完成 2000 万元利润，但顺利地完成了一次投前 2 亿元估值的融资，在老王眼里也是完成了老王的要求。

以前，老王也会在对赌条款里约定这样的业绩豁免条件，但后来发现有问题，因为这里面也有空子可以钻。比如，老王是以 PE 为 10 倍来估值的，后一轮投资人用 PE 为 20 倍来估怎么办？又或者后一轮投资人是项目老总的托，用很少的出资，比如用 500 万元就把估值抬到了高位，让项目老总豁免了千万级的对赌赔付，又该怎么办？所以老王后来只把业绩豁免作为措施使用，而不是作为目标写进协议，这就有效避免了项目老总的道德风险。

还有一点，就是业绩豁免只是豁免了业绩承诺所对应的补偿，回购不在此列。

最后，回购延期。

回购一般都和上市进程相关，如果项目已经进入上市申报流程，上市期限会超过回购期限甚至基金存续期限的时候，老王一般都会采取回购延期的措施。当然如果项目没有上市预期和动作，此措施是万万不会露面的。

回购延期的对价，基本参照对赌整体延期的计算方法，也就是收取投资本金的年化收益，延期一年就收一年。可以现金支付，也可以折股。但一般考虑到拟上市前，股权尤其是实控人股权不易变动，所以实际上还是现金支付居多，毕竟都快要上市了，实控人手里都还没什么钱，就说不过去了吧。

回购延期中，还会有一种情况，就是项目往往会在上市前做一轮 pre-IPO 融资，如果项目方给新一轮投资人的业绩承诺远远高于项目方之前给老王的业绩承诺，那么老王会非常愉快地接受项目方"邀请"，与新一轮投资人一起签这样的新对赌，新的回购期限自然就在新对赌里落实了。回购延期补偿？项目老总那么有诚意地"邀请"续签，再谈补偿啥的那就"伤感情"了不是？

54

雷

踩雷，是投资人最不愿遇到的事情，但根据墨菲定律，还是会怕啥来啥。最近老王一直自嘲为"消防员"，是因为老王目前处理的各种危机事件还没有上升到雷的程度，充其量只能称之为火点，老王一直忙着灭火，但不排除处理不好就升级成雷的可能。在老王的认知里，项目投资失败很正常，但如果投资失败的背后暴露出来的是投资逻辑、风控措施及各种猫腻问题的话，那就可以称之为"雷"了。比如，"最惨创业者事件"就是一个雷，它引爆的不仅是一个失败的项目，还有创业者人品和投资人品牌的两败俱伤。

老王今天就冒不韪来说说碰到过的一些雷，有些是老王亲历的，有些则是老王道听途说的，大家听听就好，千万别对号入座。

第一个雷。

老王在前东家看过一个项目，是行业头部企业，收入利润都相当好，甚至超过同类上市公司水平。项目老总也号称当地首富，是当地最早开上劳斯莱斯幻影和兰博基尼小牛的。老王带着团队进场一周多，就在快要完成所有尽职调查工作时，财务核查发现企业前一年度存在虚开大额增票的行为，于是老王立马终止所有尽职调查工作，全员撤出。

项目老总认为老王大惊小怪，项目老总解释道，他的最大客户某国有企业领导即将离任，所以在年底离任前就把2个多亿的应收款一下子结清了，但企业没那么多进项抵扣呀，况且还临近年底没一点时间可迂回，于是头脑一热就去买了增票。

项目老总后来还告诉老王，他这么做事先也征询了当地税务局的朋友，说是没问题。老王实在无语，这税务局朋友是准备把他当猪，养肥了再杀吧。所得税偷漏事后补一下还能过关，虚开增票可是要入刑的，何况还是近亿的票额。

临走时，老王作为朋友真心给项目老总提了两个建议，一是赶紧办移民，把身份换了方便随时跑路，二是赶紧注册新公司，让儿子做实控人，将业务慢慢转移到新公司里，这样即使爆雷了，好歹还能留点东西。看项目老总不以为意的神情，显然是没有把老王意见听进去，老王只能暗自庆幸自己避过了一个大雷。

第二个雷。

老王自己也有一个项目，项目老总针对回购事宜，要求跟老王私聊,私聊时给老王提供了一系列的转账记录,说当初项目介绍人从他这里借了不少钱,项目老总认为这些借款属于回扣,应从回购金额中予以扣除。

老王帮他捋了一下思路。一是这些借款并未回到老王这里;二是如果非要把这借款和老王扯上关系,要老王扣除,那唯一的路径只能往贿赂上靠了,那还得硬把项目介绍人说成是老王的"白手套"才行;三是如果真要掰扯成贿赂,那老王只能向公安局报案了,索贿的介绍人逃不掉,但行贿的项目老总也会有相应责任要承担。

所以老王的结论是,这些借款是没法在老王这里过关的,只能是项目老总的个人行为。同时,老王建议项目老总尽快走司法途径去追回损失,因为据老王了解,那位介绍人目前有好多官司在身,晚一步怕是什么都得不到了。

最后老王还是表态,虽然有回购压力在,但老王还是会整合各方资源,全力支持项目老总把业务做起来,只有收入利润上去了,项目老总的回购底气才更足,也才不会再有这些小聪明和小心思了。唉,为了对出资人和项目负责,老王是好人坏人一起做了,希望这次是真正把这个弹给拆了。

第三个雷。

老王前东家曾投过另一个项目,已经快要股改准备申报上市了,结果项目老总陷入一场刑事案件中,缘由是项目老总与他人发生矛盾,竟然头脑发热雇凶伤人,惹了官司坐了班房,上市进程也被打断，搞得原本有不错收益预期的项目最后只能以回购草草收场。老东家的这个项目经理为了这个项目跑前跑后，愁白了双鬓，老王看了也着实心疼，这种非战之罪导致的无妄之灾也算得上是个大雷了。

投资路真心不易，且行且珍惜吧。

55

转 型

"转型不易，谨慎小心"，这是老王之前一直在提醒大家的。无论是上下游的纵向扩展，还是跨行业的横向拓展，都要将其当作一个战略性的转折来考虑对待，而绝不是一个新的业务规划那么简单，尽管很多转型一开始都是以新业务的形式出现的。如果事先不以战略眼光来审视和提前安排，之后遇到的资源配给冲突、新旧业务冲突、管理方式冲突等问题，就无法有效解决，最后定然是两败俱伤的结局，非但转型不成功，原有业务也会受极大影响。

老王手里有两个典型的转型案例，一个成功转型，一个磕磕碰碰，这就给大家捋一捋。

首先，说说磕磕碰碰的那个吧。

这个项目是做游戏工会运营的，规模已经做到了行业头部了，收入利润比较可观。公会运营自然就是跟玩家打交道，项目在服务玩家这块确实做到了线下服务和人工服务最强水平，不仅能牢牢抓住自己的玩家，还能从对手手中挖来不少玩家，并且还形成了系列化、标准化和平台化的流程和相对应的技术产品。然后，转型大戏就上演了。

项目老总为了增加玩家的黏性，开发了玩家之间的语音互动社交平台。由于经验不足和缺乏社交属性的基因，平台功能一直定位不清，开发进度也一再被拖延，严重影响了项目的业绩和对赌完成的情况。为此，老王还专门组织协调会，一定程度上豁免了项目因转型而造成的业绩未达标的情形。

在互动平台基础上，项目老总定位了新的业务，即秀场直播，而且重拾项目原有优势，将挖掘玩家和服务玩家的优势移植和沉淀到了秀场直播平台上，于是秀场直播业务就有了起色。之后项目老总还自建了主播经纪公司，加之原有的平台和流量，终于实现了"流量+平台+内容"的小生态圈。老王在"总裁峰会"上还一度将这个案例作为典型介绍给其他项目老总。

理想丰满，但现实骨感。秀场直播尽管有了起色，但距离现金流平衡仍有一定距离，原先的流量优势在激烈竞争面前也优势不显。项目老总依然执着，但团队合伙人却出现了不同意见，加之老王的业绩对赌的压力仍然高悬头顶，所以项目股东会最终决定将秀场直播从项目主体中剥离，独立融资发展，终于为这场不太成功的转型画上了一个句号。

然后，再来聊聊另一家成功转型的项目。

这个项目之前老王也和大家聊过，只不过重点不在转型上，而落脚在送子观音上。不错，就是那家老王跟了三年，然后又鼓动项目老总把总部从义乌搬到杭州的项目。

项目最早是做 ERP（Enterprise Resource Planning，企业资源计划）的，客户主要集中在袜子和无缝内衣两个行业，服务的客户已经超过 2000 家，收入和盈利情况都不错。老王当初除了鼓动项目老总将总部搬迁外，还在鼓动项目老总向大数据方向转型，毕竟项目服务了 2000 多家客户，海量的生产经营数据足以让项目在企业大数据方面玩出花样来。当时老王就构想了行业绩效考评和贷后服务两个功能模块，还帮项目老总对接了专业的大数据团队，但可能是概念太超前的原因，后来项目在这方面一直没有突破。

但让老王惊讶的是，项目自己做了次大转型。自项目总部搬迁到杭州后，格局上了一个台阶，项目老总的家乡所在地政府领导来参观考察后，就把一些政府项目委托给了该项目来实施。就这样，项目从原来服务企业慢慢转变为服务政府，进而发现了学校食堂安全这个细分市场。项目把做企业 ERP 的经验应用到学校食堂的安全监控上，那简直是信手拈来，感应探头、视频监控、软件平台、远程控制等在工业领域司空见惯的手段放在学校里就成了创新，项目的发展速度和空间自然也就可以预期了。

项目已经服务了近万家中小学食堂，目前正在进行全国布局和扩张。从收入和利润构成看，食堂安全部分已经占据了其中绝大部分，原来的 ERP 业务已经成为锦上添花的业务了。项目老总最近也一直在召唤老王多往他那里跑跑，说要和老王多探讨探讨后续战略发展。老王还是很愿意去的，毕竟项目老总那里还有老王最爱的全蚝宴啊。

56

败 寇

坊间都说投资人无限风光，出入头等舱，下榻五星酒店，觥筹交错，一掷千金。老王一度怀疑自己是不是入错行了，感觉做的是假投资人，为啥没体验到风光无限，身边却只有无尽的艰苦尽职调查、累心谈判、烦琐投后和绞尽脑汁的退出，同时还要时不时忍受项目爆雷的惊吓和基金出资人退出的压力。老王觉得自己更像是一个消防员，不断在灭各种各样的火，而且今年火点特别多，火势还特别大。"最惨创业者"中的矛盾，直接把创业者和投资人的矛盾顶到了最前沿。老王在走访项目时，也不止一次对项目老总们放狠话：好好干活，否则老王就让你们变成第二惨创业者。

投资圈有高光时刻，那些回报百倍千倍的项目给投资人带来了无数光环和荣耀，可谁又看到金字塔底层那些失败后黯然退场的项目，又有哪家知名机构有勇气来晒一晒失败的项目？老王就开这第一枪吧，说说老王手里那些失败和濒临失败的项目，那个成王败寇里的败寇。

首先，初步失败的项目，老王能拿回多少就看老天脸色了。

第一个是艺人粉丝经济项目，因为管理混乱和财务造假，加上项目老总牵扯进一桩是非之中，现金枯竭陷于停顿。老王只能学徐小平了，指望着项目老总能效仿陈欧东山再起。

第二个是家政服务项目，因投后管理不到位导致项目失控。老王已经计提了全部损失，既然如此，老王就不怕撸起袖子和项目老总拼个你死我活了。

第三个是电商平台项目，行业竞争激烈加之转型不及时导致业务收缩，目前收入和利润远远无法支撑老王投资时的高估值，应该也要计提全部损失了。

第四个是综艺网推项目，转型失利导致现金过度损耗，加上财务造假，项目目前还在努力复原中，老王可以挽回小部分投资，但大部分不出意外应该要被计提了。

第五个是三个游戏 CP 项目，主要受行业政策影响完败。其中两个项目老总还是有能力帮老王保住投资本息的，另外一个就悬了。

第六个是网吧维护项目，受疫情影响严重，且业务转型不利，目前艰难维持。

第七个是酒店布草运营项目，极速扩张导致现金流断裂，加之疫情影响收入锐减，目前仍在经营，但老王也就死马当活马医了。

其次，仍在努力经营，但退出仍存在较大不确定性的项目，老王应该还能拿回一些老本。

第一个也是 VR 项目，VR 风口逆转后未及时转型，目前项目已成功转型为国内项目海外众筹的平台服务商，且项目老总个人回购能力尚在，老王保住一半的本钱问题还不大。

第二个也是 VR 项目，项目老总非常努力，项目的收入和盈利能力也在稳步攀升，但一直无法支撑老王在风口投的估值。就看 VR 行业第二个风口给不给老王机会全身而退，否则要回购的话，项目老总和老王都会比较吃力。

第三个是互联网餐饮项目，在发展势头最盛的时候被对手陷害了一把，大伤元气后开始转型，新模式前景看好但仍需验证，估计老王的基金期限无法撑到新模式完全成功，如果后续融资中没机会退出的话，那大概率是要触发回购了。

第四个是游戏手柄项目，由于经营管理不善，加之实控人遇人不淑，导致公司现金流和业务一直磕磕碰碰地维持着。老王目前在花大力气帮项目老总对接各种资源，希望其能一鼓作气再冲一把，至少要把老王的投资本息给回购了才行。

还有一些项目，限于篇幅就不罗列了。哎，脑壳又疼了。

老王管理的项目还不算多的，才 30 多个，但问题项目已经超过 1/3，交的学费算算也要近 3 个亿了。所以投资人的心酸都是埋在心里的，大家一定要时不时地来安慰一下老王，而不是一见面就催更、寄刀片。

其实老王写这篇的时候，心里也很忐忑，也许一不小心就得罪了哪个项目老总，最后连兄弟都没得做。不过老王还是要表露一下心声，如果眼前的坎没过去，那项目在老王杂谈里也算留了个影儿，回头看看也是一段珍贵的回忆；如果眼前的坎过去了，给老王翻本甚至赚钱了，那老王就此立个 flag（目标），一定不吝才华，专门为项目写番外篇，给项目老总著书立传。

57

三六五五

王太曾笑说老王是假上海人，尽管老王的户籍是在上海，身份证也是上海公安局签发的，但是身份证号码却是 522 开头，而非上海的 310，是因为老王在申领身份证的时候，确实是随着支援大三线的爸妈在贵州遵义生活和学习的，虽然户籍后来也迁回了上海，但身份证号却是终身唯一，不可更改的。不过这样也好，老王身上那段在大山里生活的痕迹也被这 522 开头的号码给镌刻了下来。老王就用这篇杂谈来回忆当年大山里的点点滴滴，也算是对过去那段经历的留痕吧。

小时候的老王是刻板和教条的，属于那种绝对听话的"隔壁家的孩子"，用王妈妈的话来说，大概是因为婴儿时期长期的不讲道理的哭闹，"作"彻底之后反而变了性子。

有次楼下来了个卖爆米花的小贩，王妈妈带老王去排队，然后关照老王不要乱动，王妈妈要去办其他事，结果这一句"就在这里，不要动"的关照，让老王硬生生在原地一动不动地待了半小时，直到王妈妈办事回来，其间不知道"谦让"了多少人插在老王前面。

王妈妈差老王去杂货店买东西的时候，老王也会木讷地一路上念叨着要买的货物名称，经常会惹得与王妈妈相熟的同事笑话，还好那时人性良善，没有啥坏人在边上捣乱，老王倒一直没有买错过东西。

老王那时候也会被王爸爸捉弄，就像现在小王同学一样。那时老王迷上了飞碟、UFO，有次王爸爸指着楼下泥地里一个非常规则的圆坑告诉老王，那是昨晚一个小飞碟留下的着陆痕迹，说得有鼻子有眼的。老王还真下楼一本正经地研究良久，后来才发现那是一只要下蛋的母鸡给自己刨的临时小窝。不过老王至今还搞不明白，这母鸡刨的窝咋这么圆整呢？

老王的小学、初中和高中生涯，在上海和遵义两地都有经历过，不断的转学借读让老王结识了更多的同学，经历了更多的事情，其中对大山里发生的故事尤为深刻。

大山里的小学和初中是在王妈妈就职的厂子里办的，从学校走到家属区会路过一片当地农村的坟地，有一段时间晚自习放学后，老王和一帮男生就喜欢躲在坟包后吓那些路过的女生们，直到有一次一位女生被吓之后装疯卖傻地反杀了男生，这才消停了。

有时放学早了，老王也会被顽皮的同学拉去山上疯玩烧松果，会爆炸的那种，听着像放鞭炮。因为有厂区下班号的提醒，每次老王都会掐准时间比王爸爸早回家，自然也就安全了。可有一次却被王爸爸抓了个现行，不是没准时回家，而是玩得过火了，把前额的头发给烧了一小撮，那焦煳味掩都掩不住。所以老王家的老爸们都是门儿精的，小王同学要习惯和继承呀！

老王的高中是几个厂子联合办的，所以老王也认识了更多的有相同经历的同龄人。和现在的高中一样，男生们和女生们泾渭分明，老王当时是班长，自然是男生名义上的大哥头。老王有次不知什么原因得罪了班上的大姐头，于是原本喧闹的晚自习突然变得异常安静，女生们对全体男生发动了冷战。由于教室里是一人一个座位，男女生呈梅花桩形，即一个男生的前后左右都是女生，反之亦然，所以当周围的女生都不说话时，中间的男生自然就被孤立了。而且更怪异的是这场冷战持续了整整一周，其间个别忍不住和男生说话的女生都被大姐头无情镇压。为了男生们的福利，老王无奈在黑板上贴了一份"罪己诏"，向所有女生为"莫名得罪"道歉，于是当晚的晚自习恢复如初。

高一时，老王班里有个男同学和高三的人发生冲突，在校外被对方给揍了一顿。于是老王作为班长出面和对方高三的班长协商，在异常艰辛的谈判之后，终于迫使对方动手的人放学后到老王班上，当着全班人道歉并赔偿损失，老王那个挨揍的同学也得了面子和里子，整个过程搞得就像黑帮故事一样。当然作为班主任的小"马仔"，老王事后反手就把这事暗地里汇报给了学校，揍人的高三男生最后还是受了处分。后来老王作为大哥头，还召集班里的全体男生一起早锻炼，强身健体，共抗"外敌"，几天不到，全班 30 多个男生就剩下稀稀拉拉的几个不情不愿地坚持。看来，老王只能做做学霸，还真不是当"大哥"的料。

正是有了这些不同寻常的高中经历，老王和同样在大山里读书又同样后来回到上海的这批高中同学们分外亲近，也是老王为数不多至今还在保持联系的同学们，这段记忆也是老王脑海中无法抹去的一段。

最后揭秘一下题目，三六五五，这是王爸爸和王妈妈就职的军工企业的代号，也是印在老王身上十多年的历史。

58

忠 义

　　老王在前东家投过一个项目，之前也谈及过，项目老总因为圈子没混好，结果硬生生把一个原本高大尚的科技项目，经营成了土味十足的带着些许传销意味的传统项目，结果自然是项目停摆，项目老总进了失信名单。老王的投资虽然全身而退还小赚了一笔，但由于项目和项目老总失信，导致老王担任的项目监事一职迟迟无法变更，于是这便成了老王与这个项目的唯一联系。

　　当然今天要聊的并不是这个项目或这个项目老总，而是这个项目的副总。老王初见这个小伙子的时候，他还是项目老总的助手，业务能力和执行力都不错，随着老王投资的进入，他也逐步挑起了大梁，成为项目的核心团队之一，业务高峰时也管着几百号人。这也不是重点，重点是，当最后项目近乎停摆，核心团队树倒猢狲散的时候，他是唯一一个仍然留在公司帮着项目老总硬撑的人。之后在一个饭局上，他和老王又不期而遇，当时他来敬老王酒的时候，曾一度泣不成声，跟老王念叨，谁只要能给他50万元，他就把自己卖了给那个人打一辈子的工，而这50万元仅仅是用来替原来的项目老总解决2个月工资问题而已。老王当时第一反应是，现在怎么还会有这么愚忠的人，仅是为了回报知遇之恩，就让自己陷入绝地。

最近，老王又一次听到了他的消息，让老王吃惊的是，他后来竟然真的为原来的项目老总垫付了近90万元的工资，这还是在自身经济条件非常不好，妻子患有轻度抑郁症，小儿子患先天性心脏病需终生手术的背景下做出的，而且他还说服了妻子同意这样的忠义之举。老王顿时感慨万千，虽然为他的忠义之举感到不值，但对他这个人的品性却着实敬佩。换成老王自己绝对做不到这一点，可能在项目刚出事的时候，老王就会开溜并想尽办法将关系切割干净，相信大部分人也会和老王做同样的选择，也许这就是人和人之间的差别吧。

老王走访最近的项目时，每个项目都面临一个同样的重要议题，就是退出。因为老王有两个基金已经进入了退出期，这两个基金所投的项目都会面临退出的问题，尤其是那些发展不怎么样的项目，项目老总更是要面临回购的压力。也只有在这生死攸关的时刻，老王才有机会把人性看得清清楚楚、明明白白，里面既有让老王欣慰的，也有让老王心酸的。有的项目老总，项目失败后已经一无所有了，但仍然认回购义务的账，哪怕去做滴滴打车都要一点点还上；有的项目老总，却以各种理由跟老王掰扯，为的就是要减缓或豁免对赌回购责任；还有项目老总，甚至和老王玩起了失联，哪怕老王启动了司法程序，仍然没有一丝音信，而朋友圈却在不断更新内容。

对老王而言，由于基金投资项目是一个组合，其中个别项目的损失，并不会从根本上影响基金的整体收益，毕竟老王还是有其他项目在赚钱的，足够用来弥补个别项目的损失。但项目老总不同，只有成功和失败两种结果，没有中间项，所以成王败寇之后，能够拿出来称量的也就剩下个人品行了。品行好、朋友多的，即使一时失败，也会有朋友和贵人不断相帮；品行有问题的，即便飘得再高，也总有坐等落井下石之辈在候着。所以相对项目老总的焦虑而言，老王的心态会更平和，应对也会更从容，对品行端正的项目老总也会更宽容、更支持。

59

股市（一）

　　老王朋友圈最近被"牛市"刷屏了，什么两市日成交量破万亿创三年新高啦，什么日开户数激增重现排队盛况啦，什么公募基金单日募集资金超千亿啦，等等。证券业的兄弟姐妹们，原先在朋友圈要么潜水不语、要么感悟人生，现在突然之间纷纷浮出水面，有转发大佬牛市论断的、有热心推荐基金产品的、有疾呼牛市将临赶快上车的，俨然一副熊转牛盛况，而且还是一头疯牛的景象。作为"资深"股友的老王，对此只能呵呵一笑，因为此情此景老王之前经历了至少两次，虽不能赋诗一首，但仍可作杂谈两篇。只是这次唠叨的内容有点多，得分两篇了，就容老王偷个懒，多凑些字数。

　　老王的"资深"，不是炒股水平有多高，而是时间够久，因为老王初入股市是在 1995 年，至今已经有 25 个年头了。据说这波行情下排队开户争做韭菜的都是 90 后，都是那些在老王在股市交学费的时候还抱着奶瓶的天真小羊。在股海的这 25 个年头里，老王的大起大落就各有过两次。

第一次大落，是大学期间，具体时间记不太清了，只知道 all in（全仓）的一只股票被腰斩，21 元买的最低跌到 10 元，最后老王是硬生生用时间换空间，把这只股票熬到了盈利。当然那段期间（1995—2001 年）大盘还是在不断攀升向好的，老王只是选股没选好。而老王的同学们中，有选中四川长虹的，那真是一飞冲天。整个大学期间老王的总体战绩还行，至少大学期间出去旅游的花销都是从股市赚来的。还有就是在这期间，老王感受到了第一波开户的热情，记得那时老王在排队新开深交所的户，身后就排着一个挂着大金链子、看着很有实力的老板，第一次开户没经验向老王求教，于是老王不仅指导了他整个开户流程，还随口交流了一下炒股经验，把老板唬得一愣一愣的，直夸小兄弟厉害。老王那时太单纯，要是现在，怎么也得忽悠这老板给老王出资做 LP 了。

第一次大起，不用说了，自然是 A 股 6000 点大顶的疯狂时期。那时老王已经成家立业，换成小王同学在家抱奶瓶了。那次老王幸运地押中了一只券商股，按老王 all in 的个性，自然是收益颇丰，加上之前老王还有着一波半股半现金的类 T+0 的操作带来的不少收益，所以老王的第一台车和第一套房的首付都是从那波股市里赚来的。只不过那时老王比较贪心，没见好就收，只把收益拿出来买车购房，那些本金还留着准备再赚些装修款的，没想到2008年上证指数翻过6000点后，股市狂泻，等老王2009年房子到手时，非但装修款飞了，本金也被拦腰砍了，然后装修预算就被大大压缩，后遗症一直延续到现在。唉，真是一招不慎，满盘皆输啊。这期间，老王还第二次感受到了开户热情，有天老王在银行办事，就看隔壁窗口有个老板提着两个大袋子来存款，说要通过银证通转入股票账户。400万元现金就拿这么两个黑色垃圾袋提着，也不怕被打劫，老王是真心感受到那时全民皆股的疯狂。

第二次大起，是2015年5000点那波行情时。老王all in的那只股票收益已经超过300%，加之老王工作了十多年小有积蓄，股市里的本金比之前要丰厚许多，收益规模自然相当可观。有一个阶段，老王的股票接连涨停，那时有个项目老总天天和老王混在一起，看着老王股票账户一天几十万元、三天一百万元这样往上蹦，不由酸酸地说，还创啥业呀，炒股算了。老王语重心长地劝诫他，自己创业赚来的钱才是实实在在的，老王这种炒股的说不定哪天就没了。结果还真被自己的乌鸦嘴给说中了，还差一个涨停板就到老王心里出货价位的股票，第二天就随着大盘一泻千里了，最后老王忍痛出局时的收益只有1倍，而不是原来的翻两番，和最高价相比也几乎是被拦腰砍了。

第二次大落，自然是前两年股市去杠杆后的飞流直下，老王查了一下自家账户，目前仍然浮亏 40%，不过鉴于老王之前一直被腰斩的经历和经验，对此已经没什么感觉了。一方面，是老王工作越来越忙，尤其是项目的投后服务和管理，消灭各种各样的火点都来不及，实在是没有精力去管股票；另一方面，也是被老王 all in 的操作手法所限，老王其实还是有挺多内幕消息的，只是现在大数据实在厉害，老王这样 all 来 all 去的太容易出事了；再就是老王在股权投资上的收益已远超股市的收益，所以那些股票就放着不去管它，权当存款了。

现在看着 90 后"韭菜"们入市热情这么高涨，老王这个老股民很是宽心啊，"后浪"终于给盼来了。

60

股市（二）

老王在前一篇唠叨了股海沉浮的经历，大家也都看到了老王或幸福或心酸的历程，现在回想起来，就一句话，散户股民就是韭菜，一时炒股一时韭菜，长期炒股就长期韭菜。老王目前账面浮亏的金额已经超过了过去从股市里赚到的所有收益的总和，所以老王暗自发誓，只要这次 90 后韭菜们能把老王给解放了，老王立马全线撤出股市，再不回头。嗯嗯，这句话听着怎么那么熟悉呢，好像老王上一次解套后也是这么发誓的。怪不得今年梅雨天这么久，看来发誓的人不只为了爱情，还有老王这样为了脱离"股海"而不得的。

老王这 25 年来的"股海"经历，说不上有什么心得，只能说看明白了一些事。这就给未来韭菜们说道说道，希望不要步了老王的后尘。

首先，别太迷信技术分析。老王赚钱的股票从来不是技术分析出来的，而是各种小道消息得来的。比如那只跨越 6000 点的券商股，就是老王使用的股票交易系统推荐的，老王傻乎乎地就买了，好在 all in，又好在马上就起飞了，才有了后来从 15 元涨到 70 元的奇迹。再比如那只带着老王飞到 5000 点的票，就是老王一个做私募的朋友推荐的，当时他建议我快进快出，结果一不小心捂了两个月，收益就从原来预计的百分之二三十变成了实际的一倍，要不是老王后来太贪心了，只要早一天抛，那就是上涨 4 倍呀。那些所谓的技术分析也就是在事后拿出来对照总结一下，起个安慰剂的作用，如果靠技术分析事先都能预判的话，那机构还赚谁的钱呀？更何况，只要有需要，任何指标和形态走势庄家和机构都能做出来，就看你信不信。

其次，小道消息听听也不错，但正儿八经的内幕消息就不要去碰了，以前可以放心大胆地赚钱，现在可不行了，大数据太厉害了。老王自己有项目被上市公司并购的，有合伙人参与过收购某上市公司控股权的，还和一家上市公司实控人谈过收购意向，这三只股票老王都很清楚什么时候会飞起来，后来也确实都在预测时间两周内实现了 50% 以上的收益，但老王就是不能说，也不能碰，否则就构成了内幕交易，不仅收益要被罚没，还要处罚等同收益的罚金，也就是假如赚了 100 万元，不仅没收这 100 万元，还要罚 100 万元。如果亏了呢？亏了就顶格罚 30 万元。不仅老王如此，老王周边的人也是如此，只要从老王这里得到消息，哪怕只是使个眼色，都是赚多少罚多少。所以大家知道老王在干什么就好，千万别让老王推荐股票，不是老王不讲情面，只是老王不想害你。

再次，炒股要严格遵守纪律。什么条件下买、什么情况下卖，都要有自己的标准，并且严格执行，同时还要能战胜贪婪。其实只要严格遵守纪律，在股市赚点小钱不是太难的事，老王有段时间用半基金半股票的比例做类 T+0 的收益就相当不错，就是严格遵守纪律不贪心的结果，真正的亏损都是给那些贪心不足的耳光给抽的。"没有买错只有卖错""买对不是本事，抛对才见功夫"，这些股市金句都是值得大家好好琢磨的。

最后，清楚自己的定位。在股市你我都只是小散户，别想太多，赚到了是你命好，赚不到那是应该的。以前是散户和大散户博弈，后来变成大户、庄家、机构和国家队之间相互博弈，或者联合起来割散户韭菜；以前是凡人打架，赢者通吃，现在则是神仙打架，凡人遭殃。所以凡人就做好凡人的事，别去操神仙们的心。操了心的大散户们结果都不太好，比如徐某人。

老王的主业是股权投资，其实和股市也会有衔接，毕竟上市退出是老王所投项目退出的最好路径。最近证券发行注册制出台，很多人都在和老王交流这个话题。老王的观点是，长远看注册制肯定是好事，但是按中国人"一放就乱、一抓就死"的天性，在注册制上的管理上，一定会外松内紧的。这里有几个问题给大家细品一下，老王就不深入展开了。一是，核准制下的预审员是从哪里来的，注册制下又会去到哪里，会承担什么作用？二是，上市挂牌的批文会让交易所来发吗？三是，注册制出来了，上市门槛会降低吗？中小板、创业板、科创板的门槛真的低吗？真正低门槛的新三板香吗？

　　有梦想是好的，但地球不会因为梦想而停转或瞎转，所以该干啥还是干啥去吧。

61

尽职调查

老王好几个做投资的圈内朋友，最近都在朋友圈里总结过往的投资经历和经验，有人说临门前理性会占上风，但真正抬脚射门时还是要依赖感性；有人说要有巴菲特的纪律和坚持，几十年如一日地坚守才会有云开月明；还有人拿孙正义开涮，说眼看他起高楼、宴宾客，最后楼塌人散。老王也在杂谈里吐露了不少投资的心酸往事和各种槽点，但不管如何吐槽，投资毕竟是个严肃的事，至少投资流程必须严谨规范。从投资流程上看，老王这里也是从项目筛选开始，立项、尽职调查、预审会、投决会、协议和执行等环节一个不少，正常情况下，一个项目从开始接触到最后完成投资，少则三个月，多则半年甚至一年都不止。有些好的项目等不及了、抢不到了，那也是没办法的事，就像老王前东家董事长，一位叱咤投资界十多年的顶级大佬所言，"绝不能为效率而牺牲流程"。

尽职调查（Due Diligences，简称 DD），是投资流程中不可或缺的重要环节。很多项目老总往往会有误解，认为 DD 就是来翻翻合同账、查查账，查不出问题就算过关了。其实不是这样的，DD 的结论不是"好不好"，而是"对不对"，是项目"符不符合"老总之前向投资人所陈述和展示的样子。有些项目财务指标并不好看，但 DD 下来真实无虚假，那就很顺利地往下个环节走了；而有些项目财务指标非常靓丽，但 DD 结果却是一片混乱，充斥着各种商业逻辑上的矛盾，那就很容易在老王的流程里卡死了。

所以，DD 的核心是围绕"核查"来的，标准就是项目老总所展示的项目情况和实际情况的对比，一致就通过，不一致就不能过。所以项目老总在老王面前怎么吹牛拍胸脯都没问题，但在 DD 前就必须说实话了，因为这时候开始，项目老总"所说的一切都将成为呈堂证供"了。老王对 DD 的要求其实也挺简单直接的，这就给大家说道说道。

第一，DD 一般分为两大部分，第一部分是商业调查，主要由项目投资经理负责，最终要形成投资建议书；第二部分是财务法务调查，主要由风控团队完成，其中又分财务核数和法务调查，会形成财务调查报告和法务调查报告。这两大部分调查是各自独立开展并形成结论的，但同时又要在项目数据和信息上互通有无，相互协作。

第二，商业调查，就是把项目基本情况摸透，该披露的全部披露，不遗漏任何一处。商业调查中也会揭示财务和法务信息，并不能因为有专门的财务、法务调查而忽略这两块，只不过投资建议书中的财务部分会更侧重于对未来的业绩预测而已。

第三，财务、法务调查，精髓在一个"核"字上。比如，项目的商业模式是甲和乙在交易，那么法务就要核查相关合同是否反映了这样的交易安排，财务就要核查相关的资金往来是否符合相关合同约定和财务规定。当然这是最简单的情形，真实情况要复杂得多得多，老王就不展开叙述了。

第四，任何项目都会有瑕疵，不存在完美无缺的项目，所以DD过程中当然会也必然会调查出一堆问题，这很正常。老王一直要求DD团队将问题分成一票否决和可解决两类。如果出现一票否决的问题，比如虚开增票、项目老总不诚信等，那就会立即终止项目；如果是可解决的问题，老王则会要求DD团队给出可行的解决路径和方法，毕竟只会挑毛病不会治病可不是个好医生呀。

第五，正是因为DD工作做得很充分，所以投资决策会上一般是负责商业调查的投资经理和负责财务、法务调查的风控部门在PK，在投委会委员们面前充分揭示问题及其解决思路，委员们则根据各自的风险偏好来投票。所以投委会并不是很多项目老总所理解的是投资经理和委员们在PK，真正打擂台的是投资经理和风控部门，委员们只是裁判而已。

绝大多数项目经历过 DD 后，都会被扒出"底裤"，当然也不乏道行高、隐藏深的高手，老王就遇到过一个。项目核查下来几无瑕疵，业务逻辑没问题、上下游交易数据完整、资金往来正常，唯一不正常的就是超高速的发展，老王当时也一度怀疑项目业务数据会不会有造假，但项目客户和供应商不是国有企业就是上市公司，集体造假难度太高，老王也就打消了这个顾虑，还暗自窃喜抓住了一个爆发期的好项目。接着项目就顺利通过尽职调查和投资决策会决策，并和老王签署了投资协议。可就在准备出资打钱的时候，老王发现了端倪，投资经理在项目的一个供应商——也是一家上市公司——公布的年报里发现了造假的线索，于是老王果断暂停了出资。后来没过两个月，这个项目果然爆了雷，而且还是个超级大雷。投资行业水太深了，没有相当的敏感性和排雷的手段，真是没法混啊。

62

娃

之前的杂谈里，老王给大家端上过不少心灵鸡汤，这次就再送上一碗。老王经常会自问，当人老了的时候，还会有好胜心吗？如果有，那会比什么呢？盘来算去，也就"健康"和"娃"这两样东西还可以比比。老了以后，老王还在高尔夫球场上驰骋，但隔壁老李却躺在医院里不能动弹，那老王一定是幸福的；每次小王同学带着小王太和小小王来看老王和王太的时候，老王也自然比孤老终身的隔壁老李幸福，尽管老李比老王有钱得多得多。正是想通了这一点，所以老王现在就十分注重健康保养，推拿、理疗、保健品一堆，管他油不油腻。还有就是要和小王同学搞好关系，免得将来落得同隔壁老李一样的下场。当然，这里的隔壁老李纯属虚构，属于跑龙套的路人甲。

小王同学在婴儿期还是挺闹腾的，颇有老王婴儿期的风范。有次读书会分享《睡眠革命》这本书，自由交流阶段就有男同事谈起了月子里带娃的惨状，说只要是自己带娃，基本就没有睡眠。老王也是亲历过这个过程的，每每想起那时白天还要上班，晚上至少起来两次奶娃的经历，还心有余悸，但再看看从热水瓶大小长成现在比老王还高还壮的小王同学，那几个月的辛苦就又算不得什么了。

　　小王同学和大部分其他的上海小朋友一样，是外婆和妈妈带大的。一来，这基本上是魔都的惯例；二来，老王自打小王同学上了幼儿园就来杭州工作创业了，基本只有周末才回上海承担爸爸的角色。按理聚少离多，老王本该像慈父一般享天伦之乐才对，真实情形却正相反，大多数时间都是老王对小王同学大吼大叫、打骂有加，为此王太没少和老王闹别扭。老王有时也只能躲在角落里画圈圈，自我解释，不是老王不愿意做慈父，只是老王觉得在小王同学面前，老王和王太要有红白脸的配合，既然王太和外婆已经唱了白脸疼爱有加了，那老王只能唱红脸了。不信，你看看王太唱红脸时，老王是不是立马跑过去安慰小王同学，尽管这样的机会并不多。

　　之前写童趣的时候，外婆已经向老王提意见了，说怎么只会挑小王同学的毛病，却看不到他的优点。老王这就说说小王同学的优点吧，尽管有卖瓜自夸之嫌。

　　一是心地善良。有很多小细节可以看出这一点，比如前不久，小王同学的太婆（王太的奶奶）过生日，小王同学自掏腰包买了个蛋糕，还怕老人家担心贵，特意嘱咐外婆不要告诉太婆价格。

二是情商高。记得小王第一次来老王公司过暑假，逢女同事便叫姐姐，逢男同事就叫哥哥，就连年龄比老王大的合伙人都叫叔叔，硬生生把老王在公司里抬了一辈，除了老王之外，自然是人人笑意盈然。不仅如此，小王同学嘴还特别甜，就那次看太婆，花言巧语地把太婆哄得眉开眼笑。老王和王太是不担心这小子将来会没女朋友了。

三是心智成熟。也许是逐渐长大了，也许是跟着老王和王太开过眼界了，小王同学的心智明显要高过同龄人，已经知道自己要什么了。除了学习上更有自觉性外，也开始考虑起自己的将来。比如小王同学在小学毕业时就正式提出要在国内参加高考，不走老王和王太给他设计好的海外求学的路径，简直是预见性地、完美地贴合了当下疫情之后的国情。

当然，如果能再改掉一个"懒"字，那小王同学就没什么太大的缺点了。

老王也是第一次做爸爸，没什么经验，有些时候对小王同学会有些苛求，但更多地会给小王同学创造一个自由发展的空间，因为老王从来没有给小王同学报过任何一门补习班，也没有对小王同学有任何成绩上的指标要求，唯一要求的就是做人要品行端正。有一次，小王同学跟老王说了句心里话，"除了对我凶了一点外，你还是一个蛮合格的老爸"。也许小王同学只是这么随口说了一句，但在老王心里，这句话却比赚再多的钱、得再多的名还要重要、还要高兴，就差"泪奔"了。

63

酒文化

中国文化博大精深，任何事物都能上升到文化层面来解读，譬如就城市而言，"帝都"北京有"皇城根文化"，在皇城跟下，连出租车司机都能把国际国内形势给你分析个透彻；"魔都"上海有"买办文化"，意思是在魔都，高级白领挣老外工资的能力无人能比肩；而"羊城"广州则有"桌底文化"，是因为开放早，羊城人早就把市场经济那套用得游刃有余。老王尽管投了不少文化娱乐项目，但此"文化"非彼"文化"，但凡能用"文化"二字来归结的规矩、规则、惯例和做法，特别是"酒文化"，老王就像初出壳的小鸡碰上黄鼠狼一样，既无法躲避又无力反抗，连认命享受的心情都不会有。

老王在"魔都"的时候，因为老领导不怎么喝酒，所以陪老领导参加的应酬都比较轻松，往往一杯红酒就搞定了，几乎碰不到那种劝酒灌酒的。但等转战浙江的时候画风就变了，老王刚到浙江新东家报到的第三天就遇上残酷的酒局，一开始老王还以为和"魔都"一样意思意思就可以了，没想到这杯一举起就放不下来了。老王的大领导居中调度，老王另一个同事对正局长，对瓶吹黄酒，老王用红酒对六位副局长，结果双双牺牲在洗手间，并从此开启了老王漫漫无回头路的酒局征途。于是就有了在台北"三中全会"（指白酒、红酒、啤酒混饮）后抱着马桶一顿吐、在西安牛角杯豪饮后一路睡回"魔都"、在江山醉卧污吐物度过生日之夜等等彪悍战绩。老王离职时曾向大领导致谢，说在单位学到了两样本领，会写官样文章和会喝酒了，结果还被大领导笑骂了一通。

老王能喝酒，但并不好酒，更不会讨酒喝，甚至有一阵子，还仗着在西安喝过牛角杯的气势和人"拎壶冲"，妄图吓退对手；老王还碰上过好几次，明明双方都不怎么爱喝酒，却又能在酒桌上相爱相杀，直到双方都趴下为止；王太也曾多次私底下劝老王少喝点，但和老王一起应酬时反倒一言不发，甚至还有起哄的时候；小王同学在老王单位的年会上，也会趁着老王无暇顾及他时，偷偷和老王的同事碰杯，还美其名曰替老王照顾同事们，那时小王同学还在读小学呢；有个项目老总，老王初识时还是一杯红酒就倒，最近项目走访时居然酒量大涨，劝酒词不断且毫无重复，尽管脸色通红依旧，但已俨然是局中高手了。这小小一个酒字，蕴含了多少历史沧桑，承载了多少人情世故，那些借口酒精过敏或其他理由的，不管真假，是无法体会个中滋味的，自然也就无法从酒文化中受益，包括人情和利益。

老王是深切感受到了"文化"力量的强大，一个简单的酒字冠上"文化"之后，立刻成为无法逃避和抗拒的世俗规则，和饭桌文化一起，成为临门一脚促成合作的重要一环。和西方"business is business, friendship is friendship"（友谊归友谊，生意归生意）的理念不同，中国人更看重"人情生意并举"，甚至某些时刻人情还重于生意，蕴含人情世故的酒和饭局自然成了生意最好的载体。老王从"道法术"的角度看就更一目了然了，酒和饭局都只是"术"的范畴，而"人情生意并举"则站在了"道"的高度，"道"落地结合术就有了"法"，于是便形成了独有的酒文化和饭桌文化。

所以"文化"并不是随便加个前缀就能有的，没有了"道"的指引，仅靠"术"是撑不起一个"法"的。其实企业经营又何尝不是如此，土老板只能在"术"的层面转悠，赚点辛苦钱，有点想法的最多给自己套个"法"的光鲜外套，忽悠别人、开心自己；而一旦项目老总有了自己的"道"，"法"就信手拈来，不会在"术"上纠结了，自然发展又快又受投资人追捧。好吧，老王就说点人话吧，战略即"道"，商业模式即"法"，生意买卖即"术"，懂了吗？投资人都喜欢道、法、术皆佳之辈，你是吗？

64

立 场

因为最近频繁地走访项目，老王原本规律的码字节奏被打断，而杂谈日更一篇、百篇出书的 flag 又立在那里，导致老王手里的存稿量急速下降，只要稍微偷懒两天就有断更风险，所以这段时间老王 live in office 的比例大大增加，夜生活也都被拼音输入所替代。前几天晚上，就在老王办公室码字的时候，一位兄弟发信息给老王，问要不要出去唱个歌，老王为了杂谈能正常更新而违心拒绝，继续低头码字，可未曾想，这位老兄居然就径直杀到了老王办公室，没有预想中的把老王生拉硬拽去KTV，反倒是一身酒气地和老王聊起了项目，而且还是从晚上十一点一直聊到了子夜一点。瞧这操作，老王还不如选择去唱歌放松一下呢。

再回到项目上，那位老兄和老王聊的是一个 5G 硬件项目，目前正在和相关政府部门谈投资合作，而那位老兄的亲戚就在项目里担任老总。其间，老王还和那位老总通了一通电话，就政府合作方面给出了一些个人意见，谁让老王熟悉这块呢。也许是喝多了，那位老兄后来又絮絮叨叨地说了不少项目的内幕，譬如他亲戚如何离开待遇优厚的大国企来这个项目担任老总、他亲戚如何倾力推动与各级政府合作却进展缓慢、项目实控人如何有钱却只在边上静观其变等等，然后突然话锋一转，开始说这个项目如何有前景，怂恿老王参与，见老王不动声色后，又开始鼓动老王给项目介绍投资人。老王看着他满嘴酒气喷了一个多小时，终于忍不住叫停了，就问了他一个问题：是不是心疼他亲戚，就想让老王入局做接盘侠呀。这老兄眯着小眼睛想了半天，"呵呵"了两下，说经老王这么一提醒，好像是有这个意思在里面。然后老王就用了一个字结束了这次深夜会谈：滚。

屁股决定脑袋，这句话一点没错，因为人都是从自己立场出发来选择对自己最优的路径。但当两个有各自立场的人碰面了，就不能只考虑自己的立场，否则结果一定不是最优的，这一点张维迎教授的《博弈论》里就已经有详细的讨论和结论了。像之前那位老兄一样，如果只从自己立场出发来和老王谈事，那这个出发点本身就错了，所以无论后来再怎么说明、解释、表态甚至拍胸脯，最后都只能收获老王一个"滚"字，当然老王和他已经很熟了，这"滚"字也不会太伤感情。所以老王一再强调，谈事要从对方角度考虑，才有可能达成合作或解决问题，但实际做到的又有多少呢？

就项目融资而言，"项目好，但缺钱，所以找投资人"和"项目好，不缺钱，就差带投资人飞"这两句话在投资人面前的效果是不一样的，因为前者还是站在项目立场上，而后者才是站在投资人立场上。当然不能只是嘴上说说而已，项目必须真材实料地好到能带投资人飞才行，老王见多了那种只站在项目立场上，或者假装站在投资人立场上的项目，最后都经不起尽职调查，都过不了老王这关。

再比如招商加盟。老王有几个项目都有过招商加盟或招募城市合伙人的经历，那时老王就一直提醒项目老总，招商项目，首先要自己经营过，而且只有在单体项目盈利之后才能拿出来招商或招合伙人，而不能让加盟商或合伙人来替你试错。这其实还是立场的问题，用盈利项目带加盟商或合伙人飞，那是站在合作方立场上；而未盈利项目招商实际招的是试错员，那立场不言而喻的是站在自己这边。

那位老兄深夜探访，不仅让老王略深思了一下立场问题，随后便有了这篇杂谈，更重要的是，老王进一步理解了"酒后真言"，看来以后还是要多和项目老总们喝喝大酒，在发扬前一篇所写的"酒文化"的同时，看看最后能换来项目老总们的哪些真言。

65

预付费

　　老王在毕业入行之前，曾在某支付公司短暂工作过，试用期尚未结束就换了码头，投入了股权投资的怀抱。那家支付公司后来被当时新设立的银联全资收购，创始人套现后又创立了另一家支付公司。在支付公司时间虽短，只有不到 3 个月，但老王也结交了一群朋友，至今还都保持着联系，而这些朋友们目前也都活跃在支付领域，掌握着一定的话语权。所以老王对支付领域一点都不陌生，关键时候还能帮项目老总拨乱反正，避免踩上红线。

　　在老王看来，支付这个行业的最重要属性就是监管。这个话题太大了，十篇杂谈都不足以讲清楚，所以老王就只唠叨唠叨其中的一块应用——预付费。因为最近好几个项目的业务有涉及这块应用，但项目老总对此的认知还停留在十多年前，如果不是老王提醒，可能就会碰到问题。

商业预付费，分为跨行业和单行业。跨行业预付费，需要第三方支付牌照才能干，支付宝和微信支付就属于第三方支付机构，大家在支付宝和微信支付里的钱实际上也是预付性质，跟在美发的 Tony 老师那里充卡的性质一样，所以千万别以为那是法定意义上的钱。现在第三方支付牌照几乎不可能再发放了，因而现存牌照价格异常昂贵，几乎可比肩上市公司数以亿计的壳价了。单行业预付费是不需要牌照的，因为背后的商业逻辑不一样，属于自家产品预先销售，大家熟悉的超市卡、月饼卡、健身卡、美发卡等需要预先充值的都属于此类。正因为不需要监管，所以遍地开花，问题自然也多。

就单行业预付费，老王再深入讨论几个问题。

首先，预付费对商家好处多多——可以提前回笼资金、可以吃利息、未消费的小额零头即为利润等。如果只认识到这一层，那老王只能说你太单纯了。请注意黄牛党这个群体。假设你手里有一张 100 元消费卡，也许是单位福利，也许是朋友客户送的，反正不是自己花钱买的，黄牛 90 元回收，然后到发卡商户去退卡得 95 元。结果你套现 90 元，黄牛赚 5 元，各自皆大欢喜。那发卡商户呢？卖出去的 100 元卡又回来注销了，然后还白得 5 元退卡手续费，这样的好事怎能不做大！十多年前朱总理整顿金融秩序、规范超市卡，就是因为某超市发卡规模超过其库存货量几十倍之上引发的。这还是单行业预付费，如果跨行业也这么干，那可比货币超发更恐怖、利益更大，所以跨行业预付费必须用政策严格监管起来。

其次，你以为预付费就是充个值吗？那只是小商户的思维，预付费做得好的都是商家这种 to B 的大客户，单位福利和人情贿赂是预付费最大的应用场景。为啥呢？因为有发票呀，可以冲成本抵税收。黄牛回收折扣或退卡手续费，相比将福利直接发给员工所征的个税，还是有优势的，人情往来就更不用说了，又隐蔽又可以抵税。如果不是因为这两个原因，尤其是后者，你以为预付费实名制出台是为什么呢？支付牌照那么贵，自然有贵的道理，因为持牌后，税收是按差额来征收的。譬如 100 元面额的卡最终消费了 90 元，发卡商户开出去 100 元发票，但税是按差额 10 元来收的。那退卡怎么算呢？老王只能偷偷告诉你，按手续费来算。小朋友你是否还有很多问题呢？嘿嘿，老王就不告诉你了，因为老王已经泄露太多天机了。

单行业预付费其实是不错的模式，消费者有了大力度折扣，对商家又能快速回笼资金，只是前面讲的那些猫腻，以及一些不良商家的老鼠屎把这锅好汤给搅烂了。严格意义上来讲，从消费者手里预收的资金所有权还是属于消费者的，只有在消费之后才能变为商家收入，才能自由支配。所以预付费应该由专用账户监管起来，任何没有监管或者挪用的，都会引发一系列问题，轻者违规，重者违法。所以有项目老总的商业模式中涉及预付费的时候，老王都要提醒一下项目老总，做预付费的初衷是什么，会不会去挪用预付费沉淀资金，如果有这个想法，那老王一定会请他考虑一下极端情况下的后果，就知道还合不合适去做预付费了。

66

上市并购

做股权投资这行的，项目退出是最考验功夫，也是最让老王操心的活儿。一般来说，项目退出方式有 IPO（首次公开发行）、并购、转让、回购和清算等。其中独立 IPO 是最优、也是收益最大的退出方式，但千军万马过独木桥，真正能够闯关挂牌的只是凤毛麟角；并购，主要是指被上市公司或者大型产业集团兼并收购，相比 IPO 收益要少许多，但至少也是有收益的，所以成为当下比较主流的退出方式；转让，是指在项目后续融资过程中，由新投资人受让老股而实现的退出，除非项目估值大幅增加，否则转让折扣一打，基本上收益只能以百分比来计算；回购，一般是项目进展不如预期，或者触发了回购条件，由项目老总按本金加利息把股权给收回来；清算，就如字面所述，项目基本已经黄了，大家把家底算算分了。所以从收益角度看，IPO 大赚、并购有得赚、转让小赚赚、回购保本、清算倒贴。老王最近处理和纠结的项目大部分属于最后两种，所以脑壳疼啊。

科普结束，回归正题。老王的现有基金里，第一个项目退出就是通过上市并购实现的，之前的杂谈也有介绍，上市公司以"现金＋股权"的方式把项目给收购了。老王的投资小部分以现金方式退出，大部分被换成了上市公司的股权，然后 2020 年年初一波直播带货的热点直接把这家上市公司的股价推上了天，老王自然收益颇丰。当然，老王在这里并不是想炫耀成绩，而是想告诉大家，这个项目当初上市并购之路有多苦。

这个项目老总是个倔强不服输的主，圈子里好友或上市，或并购，都身价不菲、财务自由了，所以项目老总也是铆足了劲冲击资本市场。但由于项目主营业务变化较为频繁，加之资本市场对项目所处行业监管趋严，故而放弃独立 IPO，选择了上市并购。

项目老总曾有过借壳上市的尝试，即收购控股一家上市公司，然后将项目资产装入，从而实现间接上市，但出师未捷，因遭遇上市公司原股东的强力狙击而作罢。经此一役，项目老总转而接受上市并购后成为二股东的方式，但这一方式也并不是一帆风顺的。项目老总前前后后总共谈了三家上市公司，都签了协议、发了公告说要并购，老王也为此参加了三次股东会签了三次决议，结果第一家因大股东出了问题而中止，第二家因在限期内未能支付定金而夭折，只有到了第三家才真正落地并执行完成，才有了老王的退出，其间跨越了两个年度。这两年里，老王心情也是随着"有希望了，希望破灭了，又有希望了，希望又破灭了"而不断上下起伏，好在最后结局还是好的。

老王有次请项目老总来老王办的"总裁峰会"传经送宝，向其他兄弟企业介绍上市并购的经验和心得，项目老总在台上洋洋洒洒说了一堆冠冕堂皇的话，但台下和老王交流却道出了苦衷。原来上市公司只是出个面借个壳，不掏一分钱，实际也掏不出钱来，整个并购所涉及的成本费用，包括现金收购部分所需的现金，都需要项目老总自己解决，那可是好几个亿起步啊。项目老总的压力自然可见一斑。

老王另外还有两个项目，也有上市并购之路的尝试。

一个项目是两年前尝试过上市并购的。当时项目老总还专程找到老王，希望老王鼎力支持，因为当时有一些并购条款老王并不是十分满意，但为大局着想，老王也捏着鼻子认了。可未曾想，链子掉在了上市公司那里，上市公司实控人股票质押爆仓，只能引入战略投资人接盘，导致上市公司实控人发生变化，已经签署的并购协议自然也就无法继续履约了。好在老王这个项目还算争气，业绩连年大幅攀升，目前已经在规划独立 IPO 了，结果应该会比上市并购更好。

第二个项目正在进行中，而且准备到港股去实现上市并购。项目原本是准备独立在港股市场进行 IPO，结果遭遇黑天鹅事件，不得已改变了初衷。目前老王也在整合各方资源，为项目找到一条合适且稳妥的路径。老王亲自下场操刀之后，才发现路真的不那么好走，不由得对成功完成上市并购的项目老总肃然起敬。

跟这些项目老总打交道多了以后，加上老王本身也接触过一些上市公司实控人，对于上市并购，老王只想说两点。一是项目老总得亲力亲为，交给团队或者放给上市公司来操盘，结果都会走样得厉害，浪费的金钱和时间成本都很高昂；二是别太迷信上市公司，现在这波杠杆去下来，上市公司实控人基本上都变成"负"翁了，根本就靠不住，所以走上市并购这条路，最后还是得靠自己。

67

师 徒

　　老王最近收了个弟子，是正儿八经地签了收徒帖、摆了拜师宴的那种，而且这弟子还是个貌美身材好的女强人，就是老王在《女强人》那篇杂谈里表扬过的那位，没想到这一转眼就成了老王的开山弟子。当然，在王太那里首先备案同意是必需的，带着小王同学亲临见证也是必需的。老王之前也有过做老师的经验，读研时在母校的成人教育学院带过好几个学期的"宏观经济学"课程，也帮同学创办的培训学校上过"国际贸易学"课程；工作后更是开讲过难以计数的培训班、讲座等，听课的人从政府官员、企业老总，到莘莘学子都有。只不过，这老师和师傅，感觉还是不一样，老师虽然桃李满天下，但挥挥手就可以不带走一片云彩；但这师傅一叫，就好像背上了沉甸甸的责任，除了授业解惑外，弟子不出息便成了"师之惰"。

"师徒传承"模式，随着在海底捞等服务行业的成功运用，而逐渐成为企业管理中的一个新热点。都说 21 世纪是人才的世纪，带着浓浓人情温暖的师徒关系，相比冷冰冰的金钱利益关系，更能维系住优秀的人才；同时职业技能和诀窍还能通过师徒代代相传、积累和发扬光大；当然最关键的是，职业操守和良善品性的相传，在师徒传承中更能得到保障，换句话说，企业文化和精神可以得到最大限度的传承。老王对此感触良多，因为老王初入行的老领导，即是老王的良师，从老人家身上老王不仅学到严谨、审慎、细心的工作态度，更是学会了宽容、和善、正气的做人原则，这些学来的做事做人的态度和原则，一直伴随、鼓励和鞭策着老王。虽然老王没有正式拜过师，却仍然能被老领导亲封为关门弟子，着实让老王感动。所以老王收弟子，自然要将老领导的传帮带精神给传承下来，做一个合格的良师。

人心其实是杆秤，一头装着道义，一头装着利益，孰轻孰重，真的是凭良心在称了。重道义的，自然能将师徒传承的优势发挥到极致，甚至在道义和利益发生冲突的时候，毅然选择坚持道义，就像海底捞的中层干部是如何也挖不走一样，不少项目就是依靠这样的人心凝聚而渡过一个又一个难关；而重利益的，虽然也能将师徒精神传承延续，可一旦道义和利益冲突时，师徒传承反而会像把利刃，在原本的利益冲突之上再深深地划上情感的伤痕，德云社郭曹二人的矛盾就是最典型的例子。所以，在师徒关系的表象下，人心的倾向才是真正的决定因素。所谓企业文化建设，其内涵不正是要把人心往一处拢嘛。不是说重利益就不好，如果全员都是重利之辈，那也是虎狼之师，足以横扫天下，只不过缺了人情味而已。

现如今，咨询和信息愈发发达，师徒传承中的技能传承已经被大大弱化，只剩下人情温暖，这在金钱至上、物欲横流的当下尤显珍贵，但却无法支撑起所有。这也是为什么海底捞等服务行业祭出这招能收到奇效，但又不得不在师徒传承同时引入店长合伙人制度，在人情温暖之上再加把经济利益的锁。只有一正一奇，才能守正出奇。所以，千万别迷信师徒传承，聪明的我们，应该取其精华来用，而不是守着糟粕不放。

就老王而言，心里那杆秤还是偏着道义那头多一点，所以就让老王好好守护那点珍贵吧，别轻易碰坏了它。

68

合伙人

最近，一个项目的两位创始人因为经营理念上的分歧起了纷争，然后便开撕了，起先老王还能以股东身份做做和事佬，两边拉拉架，没想到战火一步步升级，最后竟然以对方出局为目标，各显神通、大打出手。势弱的一方连续给老王发微信长文，请求老王介入"主持公道"，但此时双方已战斗到白刃阶段，都杀红了眼，再加之老王该说的话都说了，该表的态也都表了，现在只能等战局明朗后再议了，否则贸然下场，非但不能平息战火，搞不好还会惹一身骚，败者再来一份类似"最惨创业者"的檄文，控诉老王伙同实控人将功臣扫地出门，那就大大不妙了。老王也不是没吃过这样的亏，之前杂谈中就有略微提到，有个项目老总把 CTO 赶走后，CTO 便到处造谣喊冤，处心积虑要搞垮公司，还莫名其妙地给老王发长文，指责是老王把项目老总带坏了，使其只知花钱享乐而不顾公司经营。老王啥都没干都能招人口舌，就别说亲自下场操刀砍人了，指不定啥时候屎盆子就扣脑门上来了。

说实话，这种合伙人级别之间的撕扯，不管最后输赢如何，对公司的伤害都是极大的。首先团队分崩离析了，投资人最看重的团队没了；其次，正常经营秩序被打乱了，停顿的业务要重拾可没那么容易；然后，就是撕扯的后患会无穷无尽，先不谈供应商、客户信任度的损失，至少败者到处哭闹喊冤，甚至造谣生事，就能让公司吃不了兜着走。所以合伙人的选择一定要慎之又慎，甚至比找结婚对象还要严谨，毕竟"遇人不淑"后，离婚的成本还是低的，而合伙人撕起来很有可能一个公司就没了。

合伙人，是能合在一起干活的人，自然是以"人和"为基础，而人是最复杂的，不像"资和"那么简单，谁钱多听谁的；其次，人是会变的，亲疏强弱，任何一样变化都会引起连锁反应，而不像"资和"那样直接，多少钱对应多少话语权。所以合伙人制度应该是最难设计和平衡的，但现在很多企业的合伙人之间的权责利却往往是用"资和"的思维在考虑，把账划拉一下，股份期权给定之后，就在这个圈圈里转了，直到运转不灵了，那就再划拉一下，再调整，可惜很多问题就出现在了这个阶段。想调整的用"人和"思维，既得利益的用"资和"思维，鸡同鸭讲，不打架才怪。

老王理想中的合伙人制度，应该是能上能下、能扩能收的制度，这不是简单的期权或持股平台就能解决的。

首先，管理话语权。团队要有老大，公司要有实控人，这句话没错。但老大和实控人不是唯一不变的。就像董事长和总经理一定是强弱配置才合理，双强或双弱都会出问题。强董事长自然一言九鼎，是妥妥的实控人无疑；强总经理有话语权，弱董事长做面旗帜也是可以的。当老大或实控人德不配位或才不配位的时候，就放放权，当面旗帜不是挺好的吗，干什么非得用"我是大股东我说了算"的"资和"思维跟合伙人去争权呢？难道合伙人帮你赚来的钱就不香吗？老王在做有限合伙人的时候就碰到过一个普通合伙人团队，董事长属于理论派，热衷于讲课走穴，业务能力一般，而唯一干活并有业绩的合伙人又没有太大话语权。老王当时就指出了这个问题，让该合伙人借老王出资到基金的机会做相应调整，而该合伙人一是不相信老王的论断，二是还抱着"喝水不忘挖井人"的观念，就没动，结果正如老王预判的那样，没几年这个 GP 团队就散了。

其次，利益分配。在"资和"思维下，有太多理论和方法来解决利益分配问题了。老王只想用"人和"思维来说两点。

一是合伙人之间利益分配能不能动态调整？老王只看到期权有一点点放的，却很少看到股权有一点点收的，除非合伙人离职。老王有个项目，几个合伙人之间都有内部对赌，业绩不达标的就要拿出股份给达标者，效果就非常好。或许有项目老总想说，我也可以做到呀，但问题是人家真刀实枪地这么干了，而且还干得不错，你来真的试试看。

　　二是合伙人队伍能不能扩大？在老王这个行业，这也是个大难题，否则为什么那么多的明星投资经理要自立门户，是原来那个门户不香吗？其实根本原因，还是原来的门户没坑位了。创始人是愿意拿出股份来分享的，但架不住优秀人才多呀，后来者自然就没得分啦，哪怕后来者比先到者更优秀。既然挖坑的存量不能动，那占坑形成的增量有没有空间呢？或者先来挖坑的没挖好，能不能让后来者挖呢？老王自己就非常期待，某一天有投资经理带着新基金站在老王面前说，这块我扛了，那他必须是妥妥的合伙人啊。

69

素质教育

　　老王很少会点开朋友圈的链接，尤其是那些一看就是耸人听闻、博眼球然后求转发的链接，但唯独跟孩子相关的内容是个例外。今天老王就被安利了一条关于传统文化传承的演讲视频的链接，视频中的演讲人是一位高中语文老师，她从诗经文化公开课起头，探讨了教育中的应试和素质的关系，结合最近两年高考中出现越来越多的传统文化考点，认为随着应试和素质比例的调整，孩子们的文化欣赏水准会越来越高、我们的文化也会越来越有自信。不愧是语文老师，整个演讲激情澎湃，老王也不禁被带了节奏，尽管视频最后还是求转发，但老王笑了笑，随手关了也就放过了。

　　老王之所以关心教育问题，而且还会罕见地被"带节奏"，一是，为人父，毕竟是这辈子第一次也是最后一次做父亲，总不能让这个人设崩了吧；二是，和王太一样，老王对现有的应试教育也是深恶痛绝，总觉得深陷题海的孩子们会失去天真，没了童趣，所以才会出现老王和小王同学的小学班主任老师互怼的情形，才会有小王同学没有课外补习班的美好回忆。但如果大家觉得老王接下来要唠叨素质教育啥的，那就错了。因为老王被"带节奏"后，本着辩证唯物主义的思想，好好换位思考了一下，然后就发现如下以前不曾想过的问题。

首先，如果素质教育和应试教育的地位互换一下，会是怎样一种场景？假设现有的教育都变成了素质教育，孩子们快乐学习、被因材施教，甚至国学的诗词礼乐成为基础必修，没有考试和分数，也不讲排名，老王估计孩子们是开心了，家长们却会更惆怅了，说不定那时就会这样呼吁了：不能老是实施素质教育这么放羊，得搞点应试教育收收心、排排名呀。这么反向一假设，本末应该很清楚了，应试教育是本，在本牢靠的基础上素质教育才能扎下根，这就和经济基础决定上层建筑一样，本末倒置就会出问题。所以家长们在呼吁素质教育时，可千万别把应试教育一竿子打死，可千万别为了爱马仕包包就不管不顾地把面包给扔了。

其次，应试教育有错吗？如果有，根源其实就落在考试上。那考试有错吗？存在即合理，无论是古代的科举制度，还是现在学生们视为眼中钉的考试，都是将考核标准化，这样人才才有可能脱颖而出，否则怎么选拔人才，难不成就凭会多背几首诗词吗？话说回来，即使素质教育全面开花，那不还是得有相应的考核才能通过嘛，这不是又回到应试这条老路上了吗？无非就是大家不做题了，换个方式去养老院帮孤老洗脚铺床罢了，这"抢做好事"的事又不是没发生过。各大卫视前段时间都搞了不少文化类节目，什么诗词大赛、文字鉴赏啥的，最后不都是以比赛 PK 的方式进行的吗？选手们不拼吗？这难道不也是另一种意义上的应试吗？所以考试没错，应试也没错，错的是应试"过火"了，得降降火，而不是用素质来取代应试。

最后，起跑线上的输赢很重要吗？既重要也不重要。对孩子来说，不重要，起跑线在哪？见都没见着就让孩子跑了；但对家长来说，重要，因为人生经历告诉他们要这么做，所以家长们的焦虑就传导给了整个教育体系，从孩子到老师到学校，最后到教育主管部门及头头脑脑们。再加上整个教育行业产业化，原来平均的教育资源变得可以不平均了，可以量化了，于是起跑线就有了先后。问题都看得到，但几乎无解。就像王太一样，一边抱怨应试教育，一边又在为明年即将中考的小王同学找关系。老王也想通了，去他的起跑线，在当下的"拼爹"时代，老王就是小王同学的起跑线，老王混好了，小王同学自然站得高、看得远；老王要是混不好，也不会把自己的遗憾寄托在小王同学身上实现。

还是老话有道理，儿孙自有儿孙福，老王就是在瞎操心，就是在瞎嘀咕。

70

套路牌

　　套路，字面理解，是指针对某类问题或事件的极具实操的处理办法，按此操办即可达到所需结果。"套路"一词褒贬皆有，比如套路贷、PUA 之类就是极致的贬；而领导一句"做事有套路"则属褒奖，是对解决问题的效率和效果的肯定。老王没那本事，也没经验和大家聊前者，只是对于后者，尤其是在职场中如何打好"套路"这张牌，谈点个人小体会。希望对职场中的大家，不管是小白还是老鸟，都能有所启发或触动。

　　首先，细节决定成败、全面应对挑战。前面半句大家很熟悉了，后面半句是老王瞎诌的，这句话的意思是，活得要做"细"做"全"了才行。小白初入职场，战战兢兢地活自然会细致，但经验不足又难免考虑不全；老鸟经验丰富，自然考虑周全，但工作多年的疲沓之下难免粗放，其实，这两者都会面临来自老板的挑战。

老王现在带的实习助理，入职后第一件事就是做会议纪要，老王要求从录音笔开始完整记录到文字归纳，再到纪要提炼和升华，一步一个脚印给踩实了，才能往下一步走。途中小助理有两次跳脱放飞，结果都被老王给摁回来了。没办法，活要做细，必须耐着性子把棱角磨掉才行，别怪老王无情，因为老王也是这么萝卜干饭吃过来的。

老王有两个项目都在和政府谈拿地建总部的事宜，项目老总在和老王交流跟政府打交道的心得时，都不约而同地提到了给政府报告的全面性，即：正式书面报告也许会简短，但汇报的准备工作却要做得非常全面、充分，政府可能问到的问题都要准备好，否则只要有一个问题卡壳了，就会全盘皆输。老王也一直告诫投资经理们，在平时，就某个问题和老王反复讨论几次都行，但在立项、投决会等这些需要正式书面汇报的关键节点上，很多问题是没有反复研究的机会的，要么过，要么枪毙，这就需要投资经理事先把所有问题都想透、准备充分了，才能来打怪闯关。

其次，别打"二传手"套路牌。这是一张自废武功的牌，也是一张所有老板深恶痛绝的牌。二传手往往会出现在一些老资历的中层，即部门经理或总监这一级中，他们上有老板，下有团队，最容易偷懒的方式就是，把上头的意志当作自己的意志，把下面的成绩当成自己的成绩，两边无缝对接，堪称完美。唯一不足的是，一旦出了事，二传手也是最不容易甩锅的位置，毕竟上下都盯着，中间商不好做呀。再反过来说，好做的中间商，凭什么轮到你呀？还有一个容易做二传手的岗位就是老总助理，当然这个岗位本身属性就偏重于上传下达，但老总助理但凡要求进步的，就一定不能拘泥于仅仅"上传下达"的传球中。

再次，"选择题"vs"问答题"。这张牌在很多职场鸡汤文里出现过，也都教过大家正确答案了，即对上汇报，要让老板做选择题，而不是问答题。道理很简单，简单到这就是选才用人的一个重要标准，但实际上很多人就是做不到，老王自己就是碰了几次壁后才领悟的。现在老王对投资经理也是这个要求，就某个问题来问老王意见的时候，不能光提问题，还得把自己的意见或者可能的解决路径附上。没自己意见或解决路径的一律打回，严重的老王还会送个白眼，自己去体会个中含义吧。好在目前投资经理们已经习惯了老王的要求，基本也不再需要老王开口提醒一句："元芳，你怎么看呀？"

最后，"越级"这张套路牌别轻易打，可一旦打了就要打在七寸上。"越级"是职场大忌，是和顶头上司直接闹翻了，除非有更高级别的大佬罩着，或者开撕后准备好了更换部门或离职，否则绝对是玩火自焚。与"越级"相对应的一个词就是"站队"，就是紧抱顶头上司的大腿。这组词把职场的众生相勾画得惟妙惟肖、淋漓尽致。老王职业生涯的一个很重要的转折点也有这么一点"越级"的意思在里面。当时老王在第一家单位已经吃了两年多的萝卜干饭了，和原来的女性顶头上司相处得也不是太愉快，分管行政的副总一直想把老王调去负责宣传这块，恰巧大领导那时正在筹备市场化的子公司平台，准备从公司调集人手下放，但是回应者寥寥，因为没人愿意从平稳的国有系统离开去不确定的民营体系，除了老王。于是老王决心一下，便直冲大领导办公室表了忠心，这才有了后来的故事，否则没有这个"越级"的冲动行为，很可能老王就要去搞宣传，和笔杆子伴随一生了。

当然还有很多套路牌，比如"活干好、嘴管牢"，因为言多必失，容易招人口舌，所以能避是非就尽量避是非，等等，老王限于篇幅就不一一论述了。总之一句话，有人的地方就有江湖，江湖最险恶的就是人心难测，套路牌有的时候不就是直指人心和人性吗，这个时候不套路一下，还准备何时套路呢？

71

LP

LP，有限合伙人 Limited Partner 的简称，指的是股权投资行业的出资人，也就是老王的金主爸爸们。但 LP 也是"老婆"一词的拼音缩写，故而不熟悉老王这个行业的人，往往会在 LP 上有误解。坊间就曾流传出某资本大佬和某流量明星"组 CP"的笑话，据说是在一次峰会上，大佬向人介绍明星，说这是我的 LP，意思是明星对大佬的基金出资了，结果却被隔壁一记者理解成了"老婆"之意，于是便有了二人"搞基"的传言。老王某篇杂谈贴出后，在感言中的 LP 一词后面一不小心加了个"们"字，就立刻引起王太的极大反应，老王反复解释才勉强过关，虽然免去了跪榴莲，但多洗两个碗是免不了的。为啥会多洗两个碗咧，是因为王太化悲愤为食欲了呀。为了避免再次化悲愤为食欲，老王在此强调，本篇谈的是出资人 LP，至于王太，等她心情好的时候，老王再开个单章给她吧。

从股权投资历史看，LP 出资人可以是个人也可以是机构。

首先，个人，主要是富裕个人，过去的统计口径是资产在 100 万元以上的，现在基协（基金业协会，唉，缩写害死人呀）的统计口径是资产达 300 万元以上，意思你手上没个 300 万元都不好意思在这行露脸。但是个人资产再雄厚，相对现在基金规模动辄几个亿，项目投资起步几千万元，还是微薄了点。而且个人的风险承受能力毕竟有限，除非富二代，否则钱都不是天上掉下来的，所以对于投资损失，个人出资人的反应也会更激烈，你看看那些围在财富管理公司拉横幅的，几乎都是个人出资人，所以老王做基金从来都是婉拒个人出资人的。国外也是如此，个人出资人更多的会投资一些熟人的项目或小基金，做做天使投资人更合适些。

其次，机构出资人，有产业集团、上市公司、专业机构（如社保）、母基金、政府等。那些民营老板以公司名义出资的，或者几个老板抱团设立投资平台出资的，老王都不把他们归为机构出资人，因为从骨子里看，他们的风险承受能力和投资理念，都和真正的机构有太大的差距，充其量只能把他们看成大号的个人出资人。在老王看来，机构出资人有以下特点：

第一，由于自身资金实力雄厚，机构出资人的投资理念和抗风险能力会更贴近股权投资行业的要求和特点；

第二，机构出资人普遍具有"专业人做专业事"的理念，一般情况下，不太会干涉 GP 正常的投资决策，是 GP 所喜欢和追捧的合格出资人。

第三，机构出资人除了对出资回报有要求外，通常还会有其他方面的诉求，如产业集团会关注基金投资领域的产业契合度、上市公司则关心基金项目能不能被其并购、专业机构更关注基金预期收益、母基金往往会要求跟投权，而政府却又有地域限制和返投要求。这就要求以机构出资人为主要募集对象的 GP，除了要有特别优秀的业绩外，还要有能力协调和平衡不同机构出资人之间的要求，比如政府的地域要求就会在一定程度上和专业机构的业绩要求有冲突。

过去两年，随着资管新政的实施和去杠杆力度的加大，机构出资人的日子也不太好过，有钱的产业集团凤毛麟角、上市公司爆仓累累、社保门槛高不可攀、社会化母基金资金到位困难，目前基金还能募到钱的机构出资人只剩下政府了。老王这里就蜻蜓点水地说说和政府出资人打交道的一些心得体会，毕竟老王在这个体系里的相关岗位上也待过一段时间。

一是政府的钱分国资和财政两种，国资只要保值增值，所以跟国资要谈利，其他多说无益；财政资金多有政府诉求在其中，产业、区域和返投都有要求。很不幸，目前绝大多数政府母基金都是属于财政性质的。

二是跟政府母基金谈，有一个十分重要的前提，就是你得把除政府出资人以外的其他资金都准备得差不多了才行。这除了能给你增加底气，和政府谈更好的条件外，最重要的是这能实质性地推动政府的决策程序，因为政府程序一旦启动，那是必须要有结果的，结果你什么都没准备好，那你还准备在当地发展吗？所以千万不要想先忽悠政府，然后再用政府背书去忽悠其他出资人，一点点这样的想法都不能有。

三是区域是个硬杠杠，没得价可还。这主要和资金属于财政性质有关，逻辑也很简单，A 省的财政资金不用来支持本省项目，而去支持了 B 省项目，这到哪儿都说不过去呀。原来还有一些诸如返投，比如区域外的被投项目在区域内设立子公司，再如同一个 GP 管理的其他基金投资在区域内的项目，都可以用来抵扣区域内的投资金额的做法，但最近审计部门不太认可这种操作。老王有个基金就处于这种状态，搞得现在老王焦头烂额地到处说服项目老总迁址。所以政府资金还是比较烫手的，要不要拿真的需要三思而行。

四是政治经济学，政治在前、经济在后，这就不需要老王再次提醒了吧，你懂就好。

72

运营

最近疫情反复，不少项目老总变得愁眉不展，不仅订单少了，应收账款也收不回来，原本滋润的生活就这么悄无声息地没了。但老王手里也有几个项目，在疫情和经济下滑中逆势上扬，其中一个项目老总为了不做出头鸟，还特意将年会从海外举办改成在国内聚餐，并和老王解释说，整个行业都不景气，公司利润却还在每年翻番，还是低调点好，这次就委屈老王在国内开年会了。老王必须欣然接受啊，啥海外啥年会的，这都不是事儿，重要的是公司赶紧上市，能让老王的投资收益后面能加个零就好，两个零自然更好。

项目老总们的冰火两重天，老王自是了然于胸。那些当下仍然活得滋润的项目，除了项目自身好坏之外，还有一个共同的特点，即在业务模式上都或多或少地做起了"运营"。

首先聊一聊前面那个年会改国内的项目吧。项目主业是影视剧版权交易，即把影视剧版权一部一部收进来，然后打包成片库买给各大平台，赚的是中间商差价。但中间商容易受两头挤压，差价空间越来越小，加上中间商模式又不受资本市场待见，逼得企业不得不开辟新的业务模式——版权运营，即向电信运营商提供片库，通过点播分成来取得收入，而非原来和三大视频平台做一锤子买卖。这个模式虽然短期内增收不显著，但胜在持久，而且规模越大，后劲就越足，果然，一年不到这块业务就突飞猛进，收入和利润都快接近和超过版权交易的老业务了，为项目在庚子年逆势发展立下了汗马功劳。

第二个项目，是做医院后勤管理系统的。项目原来并非服务医院体系，而是为商业综合体提供强弱电管理系统，也是销售的模式，有一单没一单的。老王投资这个项目，也是因为项目老总决心重点布局医院后勤管理系统，以类似合同能源管理的运营模式与医院建立长期的服务关系。运营模式说说容易，真正落地却是千难万阻，项目老总整整布局了三年，从赠送免费基础版软件、树三甲标杆医院，再到最近举办医院后勤行业高峰论坛，目前已俨然成为业内龙头，运营模式收入已占绝对大头，成为项目敲开资本市场大门的一块有力的砖头。这次老王走访项目时，项目老总还在解释，今年疫情导致新签合同没有完成预期目标，但收入利润还是有保证的，因为采取的是运营模式，所以每个新单子都是增量，哪怕今年一个新单子都没有，收入和利润也能和上一年持平，但没有新单子是不可能的。什么是底气呀？这就是。

第三个项目，出现在老王杂谈里很多次了，就是那家做阳光食堂的。项目同时还在做社会综合治理项目，已经在广东某个县镇做了全套样板，现在正在某地级市全面推广。给政府做项目，自然是项目制，一锤子买卖，但是项目老总思路清奇地创造出了一个刚需，即为网格化综治管理人员打造了一个业务平台，极大简化和提高了这些基层人员的业务流程和执法效率，然后按每人每月收取相应费用。项目老总给老王算了一笔账，一个地级市的一年服务费的毛利就可以抵得上一家一般上市公司的利润水平了。在老王结束走访回杭前，项目老总给老王报喜讯，说某地级市政府已经通过了政府采购方案，就等项目落地了。

"销售"转"运营"，最通俗的说法就是"以租代售"，其核心是将短期的买卖关系，转变成长期的合作关系，一来可以缓解买方的资金压力，促成交易，二来又可以隐性地增加卖方的收益，同时资本市场的故事也更加好说，毕竟"收入利润稳定增长"可是个大大的加分项哦。但运营也不是谁都能做的，首先买方有无刚需是关键，如不差钱、不愿分期，或只想做一锤子买卖，你再怎么设计运营方案都无济于事；其次，毛利低的产品不适合拿来运营，本身就赚不了多少钱，还非要把收款周期拉长，那简直就是老寿星上吊——嫌命长了；最后，还得自身底气厚，运营对资金实力要求很高，前两年能回本的项目已经算是不错了，这就意味着至少要垫付两年的资金，无怪乎后面两个项目的老总每次见到老王，报完喜之后就是跟老王诉苦，说资金压力大，求"金主爸爸"慷慨解囊。每当此时，老王就祭出从小王同学那里学来的一招——"不听不听，王八念经"。

73

境外上市

　　最近股市热闹非凡，各路解放大军纷沓而至，新股发行节奏猛然加速，老王基金参与配售的中芯国际以历史最快速度上了科创板，成了科创板市值最大的上市公司，一副欣欣向荣的态势。二级市场的股市向好，自然也刺激了一级市场的股权投资，各路大佬纷纷鼓励和推动符合上市标准的被投企业加快上市申报工作，这不，老王手里也有两个项目被老王不断鞭策着、正嗷嗷地往前冲呢。当然这只是年景好的时候，年景不好的时候那可是另一副光景咯。记得前几年去杠杆导致股市大跌，不仅吹爆了众多上市公司老板们，境内上市的口子也越收越窄，导致老王圈里一波大佬们的项目没了出路，哀鸿一片，到最后只能比拼谁更能熬得住了。在境内上市通道不畅的情况下，境外上市就成了一道亮丽的风景线。

境外上市，一般都是注册备案制，符合要求的都可以按流程上市，让市场来决定去留，好公司股价自然一飞冲天，差公司无人问津成为"仙股"。不像境内审核制，监管部门为股民们操碎了心，已经层层严把关了，可最后还是有那么多雷埋了、爆了。简单来说，境外是放养，宽进宽出；境内是圈养，严进严出，精挑细选、细心呵护下，圈养出来的自然是妈宝和熊孩子了。境内不是也将要实行注册制了吗？不是也要在创业板实行宽进宽出了吗？呵呵，老王只看市场上理性机构投资人和非理性的散户韭菜们的比例，只要这个市场还是非理性的散户韭菜占大多数，就不可能有真正意义上宽进宽出的注册备案制，就算有，监管层一定会外松内紧，会不断有补丁打出来的。结果是不是会如老王所言，时间会证明的，当然，老王更希望是自己错了。

言归正传，在境内上市通道不畅的情况下，境外上市就成了不二的选择，而且目的地也很明确：美国或中国香港地区。老王手里也有几个项目准备去境外上市，两个项目去香港地区，一个项目去美国，但结果都掉了链子。

其中一个瞄准香港上市的，都已经开过股东会，老王股东会决议都签了，也专门在香港注册了一家公司准备搭 VIE（可变利益实体）结构了，结果项目老总兜了一圈回来，又说要在境内创业板申请上市，不去香港了，而且还神秘兮兮地告诉老王，能走绿色通道。老王也只能耐着性子等，最后项目却出现了严重的财务问题。老王复盘后发现，每次老王准备下决心启动回购时，项目老总都会放出要去哪里哪里上市的预期，结果就是老王妥协了，选择再等等看。现在回想起来，这上市口号也确实把老王忽悠住了，唉，教训惨痛呀。

另外一个准备去香港上市的项目，原本是紧锣密鼓地按规划在一步步走，结果出现了黑天鹅事件，目前看来也只能暂停上市进程，等黑天鹅事件处理干净之后，再根据境内外资本市场态势来决定走哪条路了，如果股东们耐性不够，催得急的话，不排除在港股上市并购的可能，这样好歹也能给股东们一个交代了。

准备去美国上市的项目，就彻底作罢了，现在情势下，已经在美国上市的中国企业都纷纷退市回境内上市了，咱就不凑这个热闹了，修身养性一段时间再说吧。

虽然老王还没有项目在境外成功上市，但陪着几个瞄准境外资本市场的项目一路走下来，也有几点感触，给大家分享一下。

首先，境外上市，尤其是香港资本市场，对项目的估值水平要普遍低于境内资本市场，且交易量不够活跃。没有比较就没有伤害，所以千万别带着境内资本市场的思维走出去，否则落差带来的伤害是巨大的。那些寻求境外上市中的绝大部分公司，要么是国内上市被卡死了，要么就是给股东逼急了要给个交代，境外上市的"备胎"味道还是浓浓的。

其次，境外上市，除了券商、会计师事务所、律师事务所这个铁三角之外，还需要有一个全程服务商，帮着项目做前期梳理和解决问题。在境内，三大机构本着服务态度，会和项目方沟通问题的解决方案和路径，大家都很有经验。可境外机构不一样，没问题就往下做，有问题就撂挑子。给出问题解决方案？对不起，没这个服务选项。因为一旦中介机构给出调整建议，说得不好听，那叫伙同造假了，人家可谨慎着呢。所以这个独立于三大机构之外的服务商的作用就很关键了。

再次，境外上市的费用相比国内要高，尤其是三大机构，这点得有思想准备。老王一个朋友的游戏公司在香港挂的牌，然后和老王诉苦，说律师费就付了近千万元，老王吃了一惊，哪有那么贵的。朋友无奈地说，他的项目在十几个国家有业务，每个国家都要请一名律师来核验当地业务，整个律师团队就超过20人，想想这些以小时计费的庞大律师团，就不寒而栗。

最后、搭 VIE 结构和申请 ODI（对外直接投资）是个费力不讨好的活儿。境外注册持股平台，还是比较简单的，境内有很多专业服务机构会帮忙搞定，只要咨询费给到位就好。但申请ODI，就是个麻烦事了。个人股东相对还好一点，像老王这样的机构股东就麻烦太多了，要走商务厅和外管局两道关，而且在目前外汇严管的当下，变成了几乎不可能完成的任务。但如果 ODI 申请不下来，境外持股成本就得从零开始计算，原先境内对项目的投资成本就不能税前列支了。

这些想想就头疼啊。好在几个项目都掉链子了，老王还能稍微喘口气。

74

锅

老王被人怼了。

怼老王的是一位资深女律师，逻辑思维严密，口才又佳，虽然是一段段微信语音发来，但老王也要多想一会，组织好语言，才敢回复一条，就怕言语中哪里有漏洞又被逮住，然后就一败涂地。还好只是微信上隔着屏幕交锋，如果是面对面交锋的话，估计老王早就缴械投降了。

事情起因也很简单，老王和资深女律师是同一个项目的股东，老王给项目老总对接了某地方政府资源，可以给项目方一块地，只要找到合适的合作方好好运作，不需要项目方花费太多资金和精力，就能增加很大一块资产。老王手里就有一个运作成功的例子，也正是靠着这块增加的资产，项目方渡过了几次资金困境。所以老王建议项目老总，在不影响主业和精力的前提下，可以适当考虑这个方向。

资深女律师得知后，就开怼了，她认为，一是项目体量还不大，没精力也没经验运作地产；二是会让项目老总精力分散，使主业受到影响，所以老王这是在帮倒忙。没毛病，两条理由都站得住脚，换成老王也会这么想。但理由对，结论下得有点早了。首先，老王也是和项目老总反复强调，在"不影响主业和精力"的前提下，才能做这块，相信项目老总还是有自己判断的；其次，这么大的事情，真的要启动必须过董事会、股东会，资深女律师说得好像项目老总已经全身心投入了一样，这估计听风就是雨，与事实有点距离了。

这次开怼没有对错，因为老王和资深女律师都是站在为企业好的角度来考虑问题。有分歧是正常的，最怕的就是上纲上线，好在这个项目的沟通氛围还是顺畅的，就像资深女律师这样碰到问题直接开怼，其实也是一种负责任的表现。事后，老王和项目老总通话，了解具体进展情况，毕竟老王牵头对接以后就没再跟进。项目老总回复，目前还在意向阶段，并没有进入实际操作流程，他会平衡把握的，让老王别担心。老王自然是放心的，因为项目老总本身是个极其谨慎保守的人，一有风吹草动跑得比兔子还快，否则项目也不会一路走到今天。末了，项目老总还安慰老王，说委屈老王了，虽然不好意思，但这个责任还是就让老王给背着吧。

这已经不是老王第一次背锅了，之前还有一口更大的锅直接扣在老王脑袋上的，前几篇杂谈里也有谈及，就是某个项目离职的CTO发檄文指责老王带坏了项目老总。他不仅给老王扣锅，还几乎给所有股东和在任高管都扣锅，感觉家里要开黑锅专卖店了。这就有点上纲上线了啊，好在这人也就扣了一下锅，后续也没了下文，否则老王真要撸袖子开炮了。

还有的锅，好重好重的，老王背着实在头大。老王有时候会带着王太一起见项目老总和家人，因为老王觉得除了生意之外，老王更愿意和项目老总做朋友，而带着家属则更显人情温暖。有次饭局上，某个项目老总也许喝多了，也许想宽慰王太，于是拍着胸脯对王太说：弟妹放心，有我这个老大哥看着老王，绝对不会让老王犯错误的。王太听得感动万分，不怎么喝酒的她居然也碰了一杯。后来，老王的合伙人在一次家宴上，也表达了同样的意思，王太依然感激万分。但当第三个项目老总再次表达出这个意思的时候，王太表面感激依旧，背后却开始狐疑，问老王是不是故意安排兄弟们这样说的，有此地无银三百两之嫌啊。老王真是欲哭无泪，有冤喊不出，直到现在还被王太揪着这个小辫子。所以请各位兄弟手下留情，给老王留一条生路，有着王太的"四字箴言"、小王同学的"思路清奇"、道长的"谆谆教诲"三把锁锁着，老王自己是能管好自己的，这锅已经很重了，各位老哥就别再往上加码了。

75

黑天鹅

老王最近在起诉一个项目，临开庭前三天，失联了近大半年的项目老总突然联系上了老王，先是说万分抱歉，然后简要地说了一下项目情况，因为银行抽贷和疫情影响叠加导致经营出现比较大的困难，最后项目老总恳请老王撤诉，因为股东起诉对项目后续融资和银行借贷影响要远大于一般的业务诉讼。对此，老王自然有妥善的应对措施和方法，但牵涉一些商业机密，这里就不展开了。老王只是感慨，2020年层出不穷的黑天鹅事件，竟将原本健康发展的企业逼到这种窘境，2018年的时候项目还发展迅速、融资也异常顺利，一度还考虑过上市，但2019年银行抽贷、2020年突发疫情，一只只黑天鹅降临，把项目搞得鸡飞狗跳，然后老王的诉讼，更像另一只不期而降的黑天鹅，而且很有可能就成了最后那根稻草了。

老王在身边也看到过不少黑天鹅事件。

比如互联网金融行业，因为政策口风向的急剧转变，覆巢之下几乎没有完卵。老王在饭局上还认识过一个大佬，当时风光无限，一会说要投资老王的项目，一会又说要做老王的LP，俨然"金主爸爸"的模样，没想到一年不到，就只能在警方的悬赏通缉令上看到他的消息了。

再比如直播风口的时候，有项目老总推荐了一个做秀场直播的朋友给老王，说运营数据不错，让老王考虑一下能否投资。老王深入了解后发现这个项目的运营数据有问题，如果不打擦边球的话是不可能这么优秀的，所以就没有理睬这个项目负责人拍的胸脯，直接走人。半年后，这个负责人果然被关了进去，项目自然也就没了。

老王有个项目，主业之外还有一块电竞比赛实时数据平台的项目，项目老总也雄心勃勃地想凭此在电竞领域大展伸手。可没想到数据平台上的一个小小的广告链接，居然让数据平台涉嫌为网络博彩导流，而项目老总也被带走配合调查了半年之久。等项目老总脱身时，项目早就树倒猢狲散，啥都没剩下，老王的投资自然也就打了水漂。

还有前段时间网上闹得沸沸扬扬的"暴力催收"导致的几家大数据公司被执法机构查处，就发生在老王工作的城市。众多项目实控人拘的拘、判的判，就连在香港上市的上市公司老总都被取保候审。可回头看看几年前，这些项目哪一个不是当时的明星项目，哪一个不受投资人和地方政府的追捧；这些项目老总又哪一个身上不是光环萦绕，甚至不乏 BAT 的前高管。不是不明白啊，只是这世界变化快。

这些黑天鹅事件的降临，不管是来自监管政策的突变，还是天灾人祸，都是无法预判的，与可预判的灰犀牛事件截然不同，因而对项目的打击是最突然的、造成的损失也是最大的。对于灰犀牛，投资人和项目老总还有时间、有机会去应对，或调整战略，或整合资源，总能找到办法；但对黑天鹅事件确实束手无策，只能在事件发生时祈祷影响和损失小一点，也只能在事后默默地擦屁股收尾。

虽然永远不可能知道意外和明天哪个会先到，但却不能因此而放松了警惕。

首先，要看明白大势，多看看《新闻联播》已经不再是一个笑话，而是很有现实意义的事了。其次，把自己要走的路看明白，看得再远一点，想得再多一点。老王的开山弟子就专攻印度市场，年前的时候老王还和她准备一起合作个项目，但当看到中美脱钩加速和疫情加重过程中印度的各种反华表现后，老王已经开始提醒美女弟子不能再这么乐观了，要做好黑天鹅事件降临的最坏打算。

中庸之道、明哲保身，在这庚子年的时候还是有必要的，凡事能让的就让，能不争的就别争。老王有个几十亿元身价的朋友曾跟老王感慨，其实幸福感最强的就是那些家庭年收入百万元的人，不愁吃喝，也没有恶人环伺。老王一想也对，山顶尽管风景好，但风也大不是。

当然对于天灾人祸，那就没得办法了。毕竟"总有小人要害朕"，防是防不了的，只能听天由命了。

76

网络安全

　　老王特意了一天假，和王太一起，先后跑了三个地方，终于把老王家的房贷给提前结清了。第一站去贷款行，取贷款结清文件；第二站去置业担保公司，取公积金贷款结清文件；第三站去房产局，办抵押注销。清一色的排队、排队、排队，光前两站就耗了大半天时间，等午饭后到第三站房产局时，王太看着门口一长溜的队伍，倒吸一口冷气后，就果断放下老王一个人排队，自己开车回去了。倒不是王太无情，而是她只请了半天假。在王太没有陪伴的那半天里，老王在房产局大厅见识了各种人间冷暖，有中年子女陪着年迈父母来办理分户的、有二手房买卖双方握手互贺的、有房产中介挥斥方遒、指挥东西的，还有放贷的陪着借款人办理房产质押的，形形色色，不一而足。老王在感慨人生的同时，也不禁抱怨这线下流程的复杂和不人性，排队等等要几小时，事情办办却只要几分钟。

享受数字生活便利的我们，习惯了扫码刷脸刷卡，手机银行、网上证券玩得不亦乐乎，能不去线下办理业务就不去，实在没办法了才会像老王这样一边排队一边抱怨，都移动互联时代了，为啥还不能在手机上点几下，就把业务给办了呢，技术开发很难吗？老王抱怨归抱怨，但后来仔细想想，还真不是技术问题，核心还是网络安全，这个还真是急不得。

首先，网络金融安全。现在大家都习惯了支付宝、微信支付等网络支付手段，很多手机银行也可以很方便可以进行转账等各类操作，似乎都没出什么问题，很安全呀。真是这样吗？还记得前几年银行和第三方支付之争吗？当时第三方支付极速扩张倒逼银行业加速触网，被当成是打破"金融垄断"的里程碑式的胜利。可老王清楚，这哪是打破垄断，简直是在"安全"上戳了个大窟窿，只不过民意太强大，二马挟之成功而已。其他不谈，老王就举网银转账的例子，现在银行电脑端转账仍然在使用 U 盾，其核心逻辑是双通道确认：电脑通过互联网发指令，U 盾通过电信网络接收确认指令或确认码，两个通道两个硬件，同时被攻击并攻破的概率是极小的，因此安全性是有保证的。但现在手机银行却是单通道单硬件，尽管有短信验证，但走的仍然是电信通道，在高手面前，简直就像在裸奔一样，所以每次老王使用手机银行都战战兢兢的，说不定就有哪双眼睛在盯着老王那点小钱呢。

其次是身份安全。银行可以开通手机银行，是因为银行业务是高频的，而且银行还有线下网点可以为用户验明正身和开通相关功能。相比之下，房产交易就没那么频繁了，对绝大多数人来说一生可能就做那么一次，有的甚至都没有，同时资产价值又高，因此对于身份验证是相当之严谨。所以，在目前电子身份验证和可溯交易的区块链技术没有落地之前，是不太可能联通外网让用户自己直接操作的，否则万一在网络上身份被冒用而将其名下房产给交易了，到时哭都没地方去。大家都知道，现在二代身份证丢失补办之后，虽然补了新证，但老证仍然有效，是不会被注销的，这也是现在收购身份证的黑活依然那么嚣张的原因，因为收来的身份证不会实失效呀。怎么破？老王知道公安部正在规划和制定的网络身份证验证标准，而且这一标准也将成为第三代身份证的标配。虽然目前标准上还有公安一所的 CTID（居民身份证网上凭证）和三所的 eID（公民网络电子身份标识）之争，但大趋势是很明确的。老王也殷切期盼标准赶紧落地，只有那时才能真正省去排队的烦恼。

最后是数据安全。这已经是老生常谈的事了，从身份信息、手机信息泄露，到现在无处不在、无所不能的大数据给你贴上标签并精准推送，大家已经都习以为常了，只要不是十分恼人或者影响到自身利益了，也都愿意用隐私来换取使用便利。老王也投了几个做大数据的项目，所以很清楚大家的信息在这些大数据公司面前到底是个什么状态，都裸到什么程度了。至于数据安全的大环境何时能改善，老王也没个头绪，只能一边期待一边抱怨吧，反正慢慢也就习惯了。

77

双 GP

老王最近和一位同行喝茶聊天，聊着聊着就各诉其苦来了，老王说项目投后难管，到处灭火，同行说基金难募 LP 难找，老王说人才难招青黄不接，同行说基金难赚钱最后全是给 LP 打工，最后一致决定，两家合作搞点事情，即使最后不成功，至少也能报个团取个暖不是。其实说来说去，就是现在股权投资行业，钱少、好项目少、优秀人才也少，僧多粥少，大潮一退，没本事的全在裸泳了，老王和同行朋友好歹还穿着泳裤，但也不得不抱团取暖了。

双 GP，在股权投资行业里已经司空见惯了。起先也是像老王和同行朋友一样，是"人和"的结果，合作双方优势互补，能更有效地募好基金、投好项目。可后来慢慢就变味了，其中"资和"的影响越来越大，尤其是资金实力雄厚、亲自撸袖子下场意愿强大的 LP 的出现，双 GP 甚至多 GP 就成了基协备案的常态，搞得基协不得不紧急出台和修改相关备案规则来应对。这一方面反映了国内 LP 的真实情况，即合格 LP 的缺失导致股权投资行业在募资上举步维艰；另一方面，合伙企业结构中，GP 越来越成为一个利益分配的工具，而其基金运营和项目投资管理的专业职能则被一定程度弱化了。对此，老王只能套用一个词来形容——"中国特色"。

"金主爸爸们"一直不觉得投资是件多难的事，或许一开始下场会有些懵逼，但跟着 GP 多跑几个项目、多开几个投委会，就觉得信手拈来，但最后被打脸的还是居多。老王前东家有个基金，国内某前首富也出了一个亿的小目标来做 LP，有次基金年终项目汇报，前首富大人亲自参加，由于基金主要投资轻资产、快增长的早期项目，项目资产规模和利润水平自然不高，于是做惯了传统产业的前首富对此很不满意，忍不住发飙了，说他自己投资的传统产业资产回报率都比这个基金要高，你们水平不咋样呀，等等。事后这个基金用整体翻三番的业绩证明了前首富的短视，但前首富看不到了，因为打那之后，现场发飙但无人响应的前首富再也没有在这个基金的任何会议上出现过。

老王也有几个基金是以双 GP 模式管理的，但这些基金都有强烈的产业属性，和老王合作的 GP 也都有产业背景，能和老王形成互补。所以老王的经验是，双 GP 模式能真正发挥优势互补的作用。

首先，在基金层面，合作的产业方（通常是上市公司）一般出资20%，在资管新政还没有出台前，还能找一家地方银行或商业银行配资40%，然后再申请两级政府各出资20%。这样一个针对具体产业的产业基金就落地了，且皆大欢喜。产业方用20%的资金撬动了剩余的80%的资金，围绕他的产业布局了一个基金，可以用资本方式来整合上下游；地方政府则落地了一个基金和一个产业；银行则由于产业方的兜底，做了一单收益不错的项目，非但前项有不低的年化利息，还有后项的收益分成；而对于老王这样的GP而言，产业方的助力让老王的投资判断更准确，同时产业方也是项目并购退出的一个路径。2016年，老王第一个双GP基金落地后，以这个模式来谈合作的产业方就有好几家，只可惜2017年下半年出台的资管新政把银行手脚捆住了，之后去杠杆又把上市公司打爆了，于是这个好模式就走不下去了，老王甚是可惜，静等回血复活的那一刻。

其次，在GP层面，老王也是要求"分账不分家"。两个GP公司虽然按合伙协议约定比例分配管理费和业绩分成，但并不是分了钱后各算各的，还是要统一管理、统一使用。老王用两个制度来保障，一是财务互签制度，即所有费用报销流程中都有一名对方派遣的有权签字人环节，互相监督、互相审核，防止乱花钱、乱支出；二是每年年终结算制度，在为基金运营和项目投资管理而发生的合理的费用支出上，双方各自核算，支出少、结余多的要适当补贴支出多、结余少的，当然这个支出结余主要针对的是前面那条互签制度下认可的费用支出。有这两条制度框在那里，老王和合作方自然相安无事、优势互补，为基金正常运作而兢兢业业地努力着。这个"分账不分家"的模式也算是老王实践摸索出来的一个经验，但凡能做到这点的双 GP 或者多 GP，老王都认为是在实实在在干活的，否则大概率就是利益分配的工具了。

当然，双 GP 或多 GP 发展到目前这个态势，自然也有它的道理，老王从来不是迂腐之辈，也不会刻意排斥目前通行的做法，相反还在积极拥抱新模式，目前谈的几个基金合作都是如此。既然反抗不了，那就放弃抵抗、顺势而为好了。只要能把事干成了，老王哪怕一点利益都没有，也认了，所以小伙伴们还不快到老王碗里来！

78

二 线

　　老王昨天和前东家的一位老大哥聚餐，稍稍小酌了一下，就干掉了两瓶白的。在前东家，老大哥曾是老王的领导，也是他把老王从前前东家忽悠到前东家的。老王一直戏谑地说，老大哥最大的本事就是把股东代表忽悠成部下，老王是一个，另外一位前东家的同事也是一个，老王还只是前东家管的一只基金的出资人股东代表，而前同事可是前东家总部股东的代表。目前在前东家那里，老大哥基本上处于退居二线的状态，不用再在一线管投资拼项目，也不用在办公室坐班，高兴来就来，不高兴来就不来，但退居二线的老大哥也并没有闲着，前东家安排了一个投委会独立委员的头衔给他，利用老同志的经验，给所有拟上投委会的项目把把关，说直接一点，就是老大哥没实地看过的项目是不能上投委会会议的。老王怎么觉得，老大哥这不是退居二线，而像拿了尚方宝剑。所以，昨天那顿饭局其实是前东家的项目团队安排的，老大哥也不是专程来看老王的，而是对项目团队正在做的项目做"指导工作"的。看着老大哥被项目团队众星拱月、神采飞扬的模样，老王心里觉得，真好。

也不是所有人都能像老大哥那样，退居二线了仍可继续在原单位发挥"余热"，老王见多了所谓的"人走茶凉"。老王第一家单位的老领导，也就是把老王收作关门弟子的良师，就有过这样的境遇。当时老领导因为年龄原因从单位一把手的位置上退下来，组织部刚宣布完继任者，第二天老领导的办公室即被腾出来给新总裁了，而老领导则被安置在偏僻的顾问办公室，招呼也不提前打，缓冲时间也不给，办公室主任的脸色变化之快，让当时老王这个初出茅庐的职场新人都看得目瞪口呆，着实给老王上了一课。好在老领导德高望重、胸襟宽广，并未太计较这些，而是继续带领老王等人搞起了市场化基金，凭自己的本事在外发挥"余热"。老王也是后来才知道，老领导之前从政府部门厅局级领导位置上退下来的时候，也遭遇过一次"人走茶凉"，他在位时培养起来的一批处长们被继任者在很短的时间内给撤换了。也就老领导这样心胸宽广的才会不计较，换老王估计就割袍断义，再不往来了。

人情冷暖，坐在高位是体会不到的，只有离开了那个位置，才能够看清楚人心，就像在生死关头看透人性一样。所以出来混，不仅要做事更要做人，做事是为了在位时风光，而做人则是为了离开位置时依旧风光。最近老王有两个项目老总都遭遇黑天鹅事件，但两人际遇则完全不同。一位项目老总格局高、气度大，重大局而不争小利，且待人以诚、与人为善，故而落难之时，周围的人能伸出援手的都不吝出手；而另一位项目老总牛皮吹得比天高、胸脯拍得比鼓响，土味十足、锱铢必较，还好赌成性，所以落难之后，虽没人落井下石，但也是人人避之不及，几乎没有援手。在做事上，两位项目老总都极具才华，事业也是蒸蒸日上，平日商业伙伴环绕、高朋满座，都是众星捧月之辈；但就是在做人上有了差别，所以在黑天鹅事件来临之后，际遇也就大不相同了。

虽然老王做事水平平平无奇，但自认做人还是可以的，虽然没到老领导那种胸襟气度，但与人为善还是能做到的；在利益纠葛上，只要不触及底线什么都好谈；碰到那种蛮不讲理、胡搅蛮缠的，老王只躲不惹；虽能力有限，但有恩报恩还是必需的，至于仇，好像从没结过。老王这段虽有自夸之嫌，但主要还是想表达两个意思：一是万一哪天老王也落难了，希望各位也不吝伸出援手；二是等以后老王退居二线了，各位兄弟能像老王陪老大哥小酌一样，也来陪老王小酌一番，那老王自是无憾了。

79

风 口①

　　科创板已经开板一年了，老王也终于有了科创板零的突破，经过同仁们的不懈努力，在众多国字号竞争对手中突围，顺利拿下中芯国际几个亿的战略配售额度，不仅得了面子，还得了里子，上市当天账面浮盈非常可观，最近该股的走势也是不错，看来一年后还是有很大希望股价破百呀，妥妥科创板市值第一股的模样。回想一年多前科创板启动之时，上级领导曾问过老王和老王的合伙人，投的项目中有几个准备在科创板上市。当时老王还颇为尴尬，因为前几年所投项目基本集中在轻资产、高成长的模式创新类项目上，硬科技项目投得比较少，仅有的几家也离科创板的上市要求还有点距离，所以面对领导的关心只能报以羞愧

---

① 本文写于2020年新冠疫情暴发前。——作者注

之心。现如今终于可以松口气了，这科创板第一仗还算打得漂亮，对上对己都有了交代，而且也看清了业务未来发力的方向和重点。

老王后来也在反思，为什么没能赶上科创板这波风口，按理说老王也投过和管过硬科技项目，比如在第一家单位老领导麾下的时候，就管过十多家生物医药和新材料的项目，也做出了在当时环境下还不错的退出业绩，可后来会什么就没有往下坚持呢？老王觉得还是趋利避害的惯性思维在作怪。

一是投资硬科技不仅考验资金，还考验心性，比如生物医药投入大、周期长，谁都知道产品熬出来了就能咸鱼大翻身，但不是谁都能有实力和耐心熬到那一天的；再如投入更大的集成电路产业，如果不是被卡了脖子，又赶上了国家大力支持的天时地利，纯粹按市场规律来看的话，投资人是很少有胆量去触碰的。

二是相比之下，模式创新类项目更容易被看懂，在各路资本不断加持下，无论发展速度、赚钱效应都看得见、摸得着，尤其是那些头部项目在资本市场上的亮丽表现，很难让人拒绝。一边是需要耐得住寂寞、吃得起苦，当时老王苦头吃得还真不少，而另一边则是轻松赚着快钱，老王的得意之作就是项目市值在一年之内上涨了十倍而且还真金白银套了现，两厢一比较，这道选择题自然就很容易有结果了。

所以，老王本质上还是个俗人，虽然嘴上喊着不追风口，但身体却是很诚实的。

首先，追风口是最容易，但也是最不容易的。说容易，是因为风口看得见，尤其是那些风口上的猪飞起来的各种姿势，是最撩人的；说不容易，是因为追风者基本都踏不准节奏，往往你能看到的风口早已是大家都能看到的，或者是想让你看到的，追上之后就壮烈牺牲得像中国股市的接盘侠一样。

风口可不只是行业周期波动造成的，还有投资波动和政策波动影响的叠加，从来没有听说过在资金荒的时候，或者行业被政策打压的情形下，还会有风口的出现。抄底行业已属不易，但还要熬到资金和政策的双重利好支撑，这已经不是在拼概率，更是在拼人品了。所以最终能够在风口上跳舞的，要么就是深深扎根某个行业的，用时间拼那个也许永远也不会来的风口；要么就是人品爆棚。

老王那个被上市公司并购的项目，基本属于后者，跟上市公司换股价格其实并不高，只是后来上市公司搭上了直播带货的风口，股价才会猛蹿。现在很多朋友都说老王眼光好，只有老王自己清楚，只是人品爆棚而已，跟眼光没太大关系。而老王自认眼光不错、重金布局的"VR 风口"，这风还没刮起来，项目就倒了一片，这才是眼光出了问题呀。

其次，追风口，也得讲实力。老王和某券商直投部门老总聊天，他坦言目前他们在硬科技只布局生物技术和芯片，而且只做上市前最后一轮投资，这次疫情让生物技术行业尤其是原来活得颇为艰难的生物检测发生了翻天覆地的巨变，而芯片也是目前政策和资本市场宠爱有加的宝贝。可为什么只做最后一轮呢？因为这阵风可能也就吹一年，最多两年，当然要快进快出。还有他们有券商资源，不怕没项目投，也不怕价格高，因为上市之后又更多韭菜会把价格抬得更高。老王听懂了，什么是实力，实力不是看得准，而是看准之后，能拿得住，能快进快出。老王这次拿下中芯国际配售，合伙人和团队动用了多少资源和人脉，那都是没法细说的，也正是通过这次配售，老王对追风口所要具备的实力有了更清晰的认识。

老王不由回想起当年填报高考志愿的情形，当时中国入世没多久，外贸行业最火热，于是老王就舍弃了临床医学而选择了国际贸易，可未曾想毕业之时外贸行业已属鸡肋，反倒是原来没什么人报考的通信专业迎来了毕业大丰收。不过反过来再一想，如果没有当时的跟风，老王可能现在就是一名医生了，在医患关系紧张的当下未必会过得更好。所以，塞翁失马，焉知非福啊。

我命一半由我，另一半还真由天，选择哪条路走由我，至于路好不好走，就看老天爷脸色了，说不定老天爷吹口气，就把你吹起来了。

80

王 太

之前说好给王太开单篇的，老王就冒着睡躺榴莲壳的危险，坚决说到做到一次。经老王忐忑的申请，王太严厉审核批准，今天这篇八卦老王和王太之间的那点小破事的杂谈终于可以面世了，此处大家应为老王的勇气而鼓掌。

老王一直在践行之前杂谈中谈到的有关事业、生活和婚姻的各种理念，比如老王和王太的相遇相识。不怕大家笑话，老王和王太是在互联网交友平台举办的线下活动上认识的，那个平台是东方网旗下的，挺官方的，比现在很多婚恋网站要靠谱多了。老王和王太属于最早几批活动参与者，而且还成功了，所以后来还被推上台分享了经验。哪有什么经验，不就是那时老王和王太都想安定了，于是在对的时间、对的地点、碰到了对的人，非要扯经验的话，无非就是重点表扬一下，这其中"对的地点"就是官方网站举办的相亲活动。

在老王的计划中，打算在参加工作半年，稍有积蓄之后，就准备解决个人问题，不是找女朋友，而是找可以结婚的那种。但那时圈子也小，除了同学同事，也没什么机会认识新的人，所以亲朋好友安排介绍的相亲自然不会少，老王自己还主动积极参与网站等社交媒体举办的各类相亲活动。这听着是不是和现在单身人士的状态差不了多少呀，也是圈子小、烦人的相亲多，除了老王是主动出击之外。所以老王一直说，机会不是等来的，而是争取来的，想明白了就干，总会有结果的。

老王主动出击的结果就是方向颇多，王太当时是一个选择，同时还有另外两个选择，如果王太后来没有出现，大概率就是那两位的其中一位了。交友会上认识王太以后，老王便和另外几个交友会上认识的朋友约好一起游大明山。上山时还是嘻嘻哈哈，下山时老王和王太就手牵手了，王太当时突然莫名跟老王来了一句"怎么会是你？"这个暗示够直接了吧，老王耳朵再聋，也必须正面回应呀，于是那刻老王用不假思索和肯定的语气回答道："为什么不是我？"然后这事就这么成了。当然，现在王太是死都不承认说过那句话，可如果没有当时那句话，虽然结果不会有变化，但过程一定会曲折很多。所以，看中了就别犹豫，主动争取一定会有结果，老王和王太就是这句话的最大受益者。

大明山回来后，老王和王太第一次正儿八经约会，没有别人眼中的风花雪月，更像是商业会谈。老王问王太的第一句话是她

"是不是准备冲着结婚去的"，得到肯定答复后，老王把自己未来几年的规划和王太充分沟通了，什么时候见父母、什么时候领证办酒宴、结婚后立即就要孩子、孩子出生三年内老王乖乖养家、三年后王太工作稳定了老王再出来闯荡江湖等，所有这些后来一步步实现的目标，其实都在老王和王太的第一次约会中已经初步安排好了的。都谈妥明确之后，那就该风花雪月就风花雪月，该斗嘴生气就斗嘴生气，所有别人恋爱、结婚、生子过程中该遭遇的，老王和王太一个也没落下。

很理性不是？也许男生就本该如此理性，又或者天蝎座的性格就是如此，但老王还是觉得对于人生而言，还是多一点理性好。不是说不需要感性，就好像在象牙塔里，怎么感性都好，但接触了社会，就不得不理性对待了。婚姻家庭也是一样，没结婚前，怎么感性、怎么风花雪月都没错，但进入了婚姻，油盐酱醋逼得你不得不理性起来。也许有人会说，这么理性生活哪里还有乐趣，子非鱼也。

老王还是那句话，感情生活也要用心经营，努力争取，别成天想着意中人会踩着七彩祥云降临。难道说一份工作不能把你变成马云那样的存在，你就不干了吗？你还不是老老实实地投递简历应聘、兢兢业业地努力着吗？那为啥在生活中非得换个活法，死抱着"没有中意的人就单身一辈子"的想法，而不去付诸行动呢？老王这番老生常谈，希望对后辈们能有点触动，倘若真有改观的话，那也是积德的好事。

81

PR

　　老王在朋友圈不太发工作方面的消息，一来，股权投资本来就是小众市场，不懂行的人热闹也看不懂，而懂行的朋友也不需要靠朋友圈来了解老王；二来，老王的工作状态，大部分是和项目老总腻在一起，除了开会还是开会，不在会议室就在茶室，不在餐桌就在第二场聚会，吃吃喝喝的总发出来会招人恨的，所以干脆就闷声发财了。当然，需要的时候，老王还是会发一些和工作相关的内容，比如公司入个围拿个奖之类的，必要的宣传工作，老王还是要带个头，以身作则的。这不前段时间，老王就发了个公司入围行业守信红名单的官宣，做了个小小的公关，虽然公司不是大紫大红的行业头部，但至少没有掉队。

　　PR，公共关系（Public Relationship），在股权投资行业也是非常重要的，毕竟行业地位除了需要优秀业绩支撑，更需要好的公关把这些业绩宣传出去才行。因为你得是个大佬，才能让金主爸爸和优秀项目追着你跑，而不像老王第一次碰到项目老总，还得先完成"我是谁""我从哪里来""我要干什么"的哲学三命题。

优秀业绩是投资机构的立身之本，这点毋庸置疑。就如阿里巴巴之于软银，但凡手里没个能叫得出来的代表之作，都不好意思上个榜啥的。美元基金占天时，早期互联网巨头的崛起离不开它们的支持，自然也成了美元基金的代表作；人民币基金占地利，国内资本市场的开闸，中小板、创业板、科创板的陆续出台，成就了一批国内机构，就像老王前东家至今仍以160多家公司上市的记录位列国内首位。但优秀业绩可不是天上掉下来的，而是用时间和资金堆出来的，每一个IPO退出案都处于金字塔塔尖，塔底得有多少失败项目垫着，这一点不是圈内人是根本无法想象的。还以老王前东家来说，老王离开时老东家累计投了500多个项目，而IPO的有120家左右；5年之后，累计投了1000多个项目，项目增加了500多个，但IPO的却只增加了40余家。所以，没有时间和资金的沉淀，是无论如何都出不了成绩的。

业绩有了，还得会包装宣传。入围上榜就是最好的捷径，而行业内公认的榜单就数清科集团和投中资本了。曾经有段时间政府引导基金的申请条件里还有对清科和投中榜单排名的要求，排名越高打分越高，也就越容易入政府的法眼，而那些圈外的社会资本要入圈的，也往往会凭榜单来寻找合作方，因此入围上榜也

276

成了众多机构不得不重视的一项工作。其实这些榜单的前世今生也简单，早期就是为大佬们服务，等攒够名声之后就开始扩大榜单，除了大佬地位不能动之外，入围的新生代就成了财源，而新生代也乐得出钱，一个愿打一个愿挨，自然皆大欢喜。对圈内人来说，榜单并无实际意义，那都是给需要的外人看的，唯一可取之处就是每年年底的颁奖大会，大家能有个由头聚聚而已，但近年来随着奖项越来越多，奖牌都在后台叠成了小山，这个由头也就越来越让人提不起兴趣了。

还有一种宣传包装，就是合伙人出镜，打造个人品牌。诸如徐某平、薛某子、李某复等皆是圈内公关高手，尽管项目业绩未必是业内顶尖，但宣传出镜却是个顶个一流的，不仅个人品牌矗立，而且还能以顶尖大 V 身份把控行业话语权，老王是既羡慕不来也学不来。曾经老王一度也花了点心思想打造个人品牌，才一试水就发现，一不敢吹牛、二怕当出头鸟的老王是真出不了镜。老王前东家有一招不错，因为公司已经是业内龙头了，每年都能向某知名榜单推荐年度十大投资人候选者一名，于是从董事长开始到各个副总，一年一个大家轮流上榜，几年下来，人人简历上都添加了浓浓的一笔，其中有的自然是实至名归，有的就你好我好大家好了。看来，老王要走通这条路，还得静下心来先把公司弄上台面再说。唉，脑壳又开始疼了。

所以要在老王这个圈子里混，千万不要被机构或合伙人的光鲜外表所迷惑，要知道机构的公关工作可是不会停的，效果也是杠杠的。其实要褪去机构或合伙人头上的光环也简单，看其真实的投资业绩即可。何谓真实，一是看机构是项目领投方还是跟投方，只有领投方才能算实绩，跟投方是没资格拿项目来炫耀的；二是看合伙人是不是项目牵头人，要知道大机构里有那么多合伙人，对外人来讲是分不清楚哪个项目是由谁牵头的。有没有担任过项目的董监事，或者内部决策流程单上有无关键环节的签字，都是判断合伙人是不是项目牵头人的实证。这都是老王在做 LP 时，尽职调查 GP 的不二法门，今天就掏箱底给大家献宝了，拿去不谢。

82

中年

　　老王参加了一次高中同学聚会，这些高中同学和老王一样，父母都是支援三线去的贵州，都是在贵州读的高中，又都回到上海念的大学，最后在上海成家立业，所以聚会群的名字都是"回上海的人儿"。大学刚毕业那会，大家都聚得很勤快，挨家挨户地串门儿，后来随着工作生活中的事越来越多，聚会也就越来越少，老王上一次参加聚会也是两三年前的事了。这次聚会明显有几个变化，一是男同学越来越少，这次聚会就只来了两位，其中包括老王，其他放鸽子的都是家里临时有事，嗯嗯，老王懂的，都说同学聚会风险高，家属担心也是正常，所以老王特别感谢王太的理解和肚量；二是聚会的话题变化得有点快，前一刻还在回忆 30 年前的高中生活，下一刻就转到退休问题上，就只见一帮老阿姨们叽叽喳喳，在研究如何最大限度地利用好政策，做到时间金钱两不误。老王根本就插不进嘴，反而还被老阿姨们调侃，说退休后要到老王这里来上班；三是交流的话题，无论是回忆过往、孩子学业，还是退休策略，甚至八卦消息，其中都透露出一种中年的无奈，尤其是聚会后一位同学在搭老王车回家路上的絮絮叨叨，更是将面对中年危机的无奈表露无遗。聚会后，老王突然发现，老王已经不再年轻，已经快步跑在奔五的路上，早已经步入"油腻中年"了。

提到中年，脑海里不可避免就浮现出两个词，一个叫"危机"，另一个则是"油腻"。

中年危机。在老王看来，中年危机主要来自压力。生活中，上有老下有小，全家的经济支柱，面对节节攀升的生活成本和迟迟不涨的薪水，自然压力山大；工作中，上有领导下有手下，上头死死压着不给晋升，下面虎视眈眈瞄着位置，动不动还有客户甩脸色；感情宣泄上，棱角已被磨平，不再轻易喜形于色，但还远没到可以随心挥斥方遒的级别，故而所有委屈只能自己咽，还得在家人朋友面前表现出无所谓的态度。所有这些压力都扛过去了，自然风平浪静；抗不过去，那就危机来临。同学聚会上，老王已经品出不少压力，虽然这些压力都隐藏在各种调侃和嬉笑之下。就拿老王一同学来说，辞职创业运营公众号，外表看来自己做老板，好像风光无限，但奔五的他却仍需自己亲自操刀撰文，去干那20岁、30岁的年轻人的体力活，虽然经验丰富，但身体扛不住呀。老王一直认为，20岁拼体力、30岁拼经验、40岁以后拼资源，如果都 40 岁了还在干 20 岁的活，那空间自然小了，压力也就大了，危机更是会随时降临。好在老王已经过了需要拼体力和经验的阶段，现在就靠着一张老脸吃饭了，虽然财务尚未完全自由，但过过小日子还是没有问题的。

中年油腻。这是一个伪命题，"油腻"这个称呼本就是与那些"小鲜肉""小奶狗"相对应的，本就是划分两个不同年龄阶段的特征代名词。每次老王摸摸自己略有发福的肚子感叹时，王太就会鄙视地劝诫，40 岁的人就要有 40 岁的样子，别去想 20 岁的东西。想想也对，有一次老王和王太外出吃饭，隔壁桌有一位比老王年纪还大的男人，脑袋上包着头巾、一身朋克风皮衣皮裤、脚上踩着一双能亮瞎眼的 AJ 鞋，老王感觉就像吃了个苍蝇一样，恶心又吐不出来。老王调侃地问王太，如果哪天老王也打扮成那样，王太做何感想？王太翻了个白眼，说让老王自己买块豆腐去撞撞死算了。40 岁的老王要打扮成 20 岁的样子，那是绝对跟"小鲜肉""小奶狗"靠不上一点边，而是妥妥的黑山老妖一枚。所以，到年纪了，该干啥干啥，油腻也好，老腊肉也罢，只要王太不嫌弃，叫啥都好。

老王自觉在同龄人中，心态还是相对年轻的，毕竟和那么多年轻的创业者日夜混在一起，年轻人的拼搏和朝气也在潜移默化地感染着老王。所以对老王来讲，中年只是一个年龄的标志，并不能代表老王的生活状态、工作状态和精神状态。欢迎年轻朋友们多和老王交朋友，多给老王带点朝气和勃勃生机。

83

逆行者

老王可能要去接任第三个"董事长"了。因为庚子年黑天鹅事件频出，老王有好几个项目都中枪，其中最为严重的项目，整个团队都被"团灭"了，基金出资人和项目股东都寄希望于老王能够挺身而出，主持大局。虽然老王义不容辞，但法务仍然提醒老王，不能意气用事，"接管"这事还是需要按法定流程来。所以这几天老王都在组织人手，成立专办工作小组，先做好充分的前期摸底排查工作，等找到了合理的实施路径后，再见机行事、小心行事。

"接管"这活，老王已经不是第一次做了。10 多年前，老王在第一家单位的时候也接管过一个项目，担任过所谓的"代理董事长"。那时老王还管着一堆的生物医药和新材料的早期项目，有好有坏，好的项目经老王之手退出能赚一倍有余，坏的项目自然惨不忍睹，而那个被接管的项目则是其中最惨的。项目具体做啥，老王已经记不太清楚了，只知道是研发一种新药，做了动物实验的有效性评价后钱就烧完了，然后到处找买家未果，于是科学家团队就散。这个项目最初并不是老王的，而是老东家旗下的另一只基金团队投的，结果和项目方有了矛盾，于是就通过老东家转给了第二个基金团队，等第二个基金团队也撂挑子之后，老王就被顶了上去。轮到老王接手时，项目已经完全是一个空壳了，团队散了，账上也只有十多万元了，老王接过来的就只有一堆橡皮图章、财务凭证和专利文件。在这种情况下，老王纵使有三头六臂，也难为无米之炊，最后"代理董事长"的唯一工作就是在每年的专利维护费单据上签字付款，一直熬到账上资金全部消耗完毕，然后清算。

别人家的董事长都是风光无限，吃香的喝辣的，只有老王的董事长做的却是战战兢兢、畏首畏尾，不仅要去填坑，还要防着踩雷和躺枪，甚至关键时刻还要做人肉盾牌去替领导挡箭挨刀。唯一一个老王自己掏钱"买"来的董事长（详见《董事长》一文），刚开始还要防着团队请的鸿门宴，就怕饭后跟老王来一句，王董，账上又没钱了。每当这种画面出现时，老王心头就有千万头吃草和泥的马奔腾而过，就想大喝一声，老子不干了。可冷静下来，老王不干，还有谁来干呢？老王听到过一句很有道理的话，说是赚一百万的时候是给自己赚的，赚一千万的时候是给员工赚的，赚一个亿的时候那是给国家赚的，意思就是钱越赚越多的时候，身上的责任也越来越大，越来越难以卸下。很多老板死扛到最后，有时并不是为了自己，而是为了一帮一起打拼的兄弟，越是困难越是在坚持，这不由得不让老王眼前浮现出一个很具象的名词——逆行者。

在即将被接管的项目上，老王还算不上一个逆行者，充其量只是在履行本就该承担的职责而已，但在老王眼前，却已经有一个真正的逆行者出现了，并且无畏地扛起了战旗。这位逆行者是老王前东家的投资经理，当时和老王一起完成了这个项目的投资，也算是老王一手带出来的，老王离职后他就在老王前东家独当一面了。几个月前，他突然来征求老王意见，说要加入这个项目的团队，负责融资和上市事宜，老王自然双手欢迎，这么一个有能力、熟悉项目、老王又知根知底的人加入项目，无论对老王还是对项目都是加分项。只可惜他加盟还没几个月，项目就遇上了黑天鹅事件，整个核心团队被团灭，就剩下他和两位副总还在独立支撑，而这两位副总也是经他不懈地说服才团结起来的。事发后，老王有一次和他深聊到很晚，他也和老王坦言，原本他大可以甩手而去，但总是于心不忍，总觉得要对原有的核心团队有交代、要对老王这个老大哥有交代，所以他回去和太太申请了一年的时间，准备用这一年的时间替原有核心团队扛一下，替老王扛一下。面对这样的逆行者，再回想那些在老王面前一套、背后一套的小人，老王真心感叹，人和人还是真的会不一样的。

逆行者，必将收获人世间最大的财富——信任。

84

旅 游

老王一般每年都会安排两次全家境外游，在小王同学没上学之前，时间倒是很好安排，想走就走，但从小王同学上了小学开始，时间上就只能凑寒暑假了。今年的突发疫情，不仅打乱了老王全年的境外游安排，未来几年也不太可能安排了，于是王太一边满口抱怨，一边积极地在搜寻境内游的替代品。好在年初春节期间，疫情还不凸显时，老王一家运气不错地在新加坡度过了新年，也算完成了 2020 年的一半指标，再加上这变化实属疫情影响，怪不到老王头上，所以王太默默地收起了榴莲壳，藏好了搓衣板，老王也算避过一劫。

老王有几个做旅游的朋友，当年和老王一起去北极溜达过一圈，回来后就在微信朋友圈里满屏地刷各类旅游产品，搞得老王有段时间不得不屏蔽他们，而在疫情期间老王偷偷地取消了屏蔽，可老王朋友圈里的这些朋友依旧清净，估计不是倒闭了就是转行了。老王也曾看过一家以日本、新西兰为主要目的地的境外游项目，那时除了境外游收入增长迅速外，项目代办签证的收入和利润也非常可观，但当时考虑到中日关系不稳定及其他因素，最终老王与这个项目擦肩而过，后来项目去了香港上市，股价曾一度冲到了 3 港币。只是疫情以来，老王看着它的股价从 3 港币急跌至 1 港币之下，现在又慢慢爬到了 1 港币之上，避免了仙股的尴尬。而项目老总及老王所认识的那些项目员工，依然努力在朋友圈刷屏，只不过不再刷旅游产品，而是"不务正业"做起了境外带货。老王还有一个朋友，在某旅游平台上做资金管理，前两天才在老王的某篇杂谈上点赞留言，老王一问，才知道他们部门直到 6 月底才刚把平台上因疫情而产生的天量退订单处理完。看来无论是从老王作为消费者的感受来看也好，还是从行业从业者的动态来看也罢，疫情对旅游行业的冲击是巨大的，对境外游的影响则是致命的。

两年前，老王曾在公司的公众号上发表过一篇关于旅游行业的粗浅分析，当时有如下观点。

第一，旅游产业分前端获客和后端服务两大部分。前端获客又分零售商和批发商，零售商有某程这样的网络平台，也包括旅行社实体门店，批发商则是将零售商的客源汇集后对接给后端服务商；而后端服务商就是地接服务了，有酒店、导游、司机等。

大家熟悉的自由行，其实也没有跳出这个框框。

第二，旅游需求是刚需，而且这些快速增长的需求也催生了旅游行业的多样化。有目的地的多样化，比如世界杯游、网红打卡地游等；也有形式的多样化，比如与教育结合的海外游学、与美容挂钩的整容之旅、羊胎素之旅、与健康挂钩的养生之旅等。

第三，当然行业竞争也是激烈的。国内游在前端获客领域杀得头破血流，有的批发商甚至一个客源只赚 10 元也干。后端服务就更不用说了，媒体上频现的黑心购物导游就是最好的佐证。目前境外的落地服务由于跨境原因，国内的过度竞争还未衍生过去，所以还有机会。

第四，老王得出的结论是，混旅游这个行业就必须抓资源，无论是客源地资源还是目的地资源，抓不到手里就只能接受低价竞争以及低价竞争带来的伤害。还是就是关注垂直和细分行业的龙头，核心还是看这些龙头手里有没有抓到资源。

疫情一度压抑了旅游的需求，而海外疫情的持续发酵、中美脱钩加速及西方世界的反华情绪升级，更会在相当长的时间内打击境外游。这些两年前无法预判的因素正在逐步改变目前旅游行业的格局。老王不成熟地判断，一是，由于境外游的限制，境内游的需求会大大增加，随着防疫政策限制的不断放松，一定会迎来报复性反弹；二是，前端获客会是利好，只要能熬过这波疫情影响活下来的，都会有大的发展空间，无论是平台还是实体门店；三是，境内后端服务会迎来行业机会，但行业规范要求会越来越严，而且消费需求的多样化也会倒逼行业服务的多样化和个性化，简单来说，就是机会给你了，得把活干细干精，以前大忽悠混日子是不行的；最后，境外游恢复周期会相当长，不仅要等境外政策回暖，还要等需求恢复，所以做境外游的兄弟姐妹们只能继续苦熬着，该带货的继续带货，有其他门路的也不要放弃。

至于老王，则会利用这段时间好好领略祖国的大好河山，趁着还有体力，爬爬山、下下海。不多说了，赶紧登机飞昆明，跟王太和小王同学汇合，开启境内游模式第一站喽。

85

宅

　　老王利用在昆明休假之机，安排了为期一周的高尔夫球集训，说是集训，其实就是和朋友连续打七天球而已。老王第一天入住的是春城湖畔俱乐部，据说这里是全国十佳球场之一，有湖有山，球场还是三十六洞的，足够高尔夫球爱好者泡上几天。唯一美中不足的就是地处偏僻，周边只有一个小镇。此外，酒店设施也比较陈旧，老王在搭车去别墅房的路上，就听同车的住客一直在抱怨，说住得差、吃得差，如果不是为了打球方便，真的是忍不下去了。的确如此，老王和朋友在酒店吃完晚饭后，就发现无处可去，好不容易在酒店里做了个 SPA，松完筋骨后也才晚上八点不到，依然无处可去，于是只好回房，然后两个大男人在客厅大眼瞪小眼。习惯了大城市的灯红酒绿，一下子没法适应郊县农村的安静了。好在老王还有撰写杂谈的任务，可以继续揪头发、咬笔杆子，但老王的朋友可受不住了，叫酒店送宵夜未果之后，气呼呼地10点不到就上床睡觉了，这人可是平日不过夜里十二点都不回家的主呀，这反常举动惊得老王一不小心多揪了几根头发下来。

小王同学的支付宝名字是"某靠谱成年肥宅"，00后的世界老王不是很懂，但这"宅"字的精髓老王还是略知一二的。王妈妈说，老王以前小的时候也是宅男一个，可以一整天待在屋子里守着玩具一声不吭，所以王妈妈如果要出去办事，就会很放心地把老王一个人锁在屋里。老王读书时也是典型的书呆子，走在路上只要脑子里想东西的时候就会忽略周围所有人，有时嘴里还会念念叨叨，情商直线探底。但进了大学以后，老王就似换了一个人，交了不少狐朋狗友，在导师面前也游刃有余，直升了研究生，工作后愈发八面玲珑，如今更是开启了"毁"人不倦的导师人生。但老王自认骨子里还是一个很宅的人，依然可以在屋子里一个人待一天，以前是只要有玩具，现在是只要有网络和手机；依然可以拒绝一切外出应酬，换来一整天的自我放空；也依然可以在大家的"寄刀片"攻势下，闭关一天写出几篇杂谈来。就像久别胜新婚一般，这种小宅可以修心，可以怡情，也可以养性。

相比宅男腐女们的宅，老王只能算是小巫见大巫了。那些宅男腐女们真是宅出天际了，日本社会中那些极致的案例也不用老王再重复了。宅男腐女们的宅，过去更多是个人原因所致，因为性格或懦弱或孤僻，加之社交恐惧，所以将自己闭锁在个人空间里；但当下众多年轻人的宅，更多的源自生活方式的改变，外卖点餐、淘宝购物、网络社交等，足不出户就能成满足生活中的绝大部分需求，慵懒的人自然而然就宅在家了，于是这些本不该宅的人却因为生活方式的改变而加入了宅家大军。而且这种生活方式的变化，还会推动移动互联网服务向更深层次发展，反过来又会进一步禁锢、催生和壮大宅家大军的队伍，疫情期间大家长时间的自我隔离，已经验证了这种生活方式和发展共存模式存在的可行性了。

老王有的时候也会思考，网络空间看似无限，但个人空间却一再被压缩，邻里关系的缺失让"远亲不如近邻"这句话成了过去式，大龄剩男剩女成为普遍的社会现象，这到底是社会的进步还是退步？到底是社会自然发展的结果，还是技术进步推动的结果？日本社会的"宅文化"会不会有一天"西渡"到我们身边来？如果将来真的有这么一天，那老王们投资的那些移动互联网项目、模式创新项目可真说不清楚是带了好头，还是起了反作用了。可老王反过来又一想，谁又能拍胸脯说"宅文化"就一定不是未来社会的主要形态呢？就像前几次工业革命对人类社会造成的巨大改变一样，事先是无人能够预判的，大家都是事后诸葛亮。所以这次也许真的是老王在杞人忧天了。

记得刘慈欣有篇科幻小说，描绘了一个物质极度发达的文明，文明的主人无须参加任何劳动即可享受各种由人工智能体系创造的物质资源，整日里只需吃喝玩乐即可，当地球人探险队遇到这个文明并以地球人视角去观察这一切时，发现人工智能才是这个文明的主人，原主人实际变成了一群被圈养起来的毫无任何价值的物种，就像人类圈养大熊猫一样，虽然如祖宗般好吃好喝供着它们，但人类才是地球的实际主人。老王重提这个科幻故事，一来是凑字数，二来也是求圈养，老王愿意做那个啥都不用干就能被好吃好喝供着的物种。

86

大 师

去年暑假，老王和小王同学在昆明进行了为期一周的高尔夫球集训，王太作为家属随行。老王和小王同学在球场上挥汗如雨的时候，王太则在昆明到处晃悠，好吃好喝好玩，既做好了后勤服务，又度过了一个充实的假期。今年，老王一家依然选择将昆明作为避暑之地，当然首先还是因为高尔夫球，倒不是昆明球场有多好，而是夏天在昆明打球实在是足够幸福的一件事，不愧是四季如春之地，当江浙沪"发烧"到 40 摄氏度高温之时，这里仍然只有 20 多摄氏度；另外就是馋昆明的美食了，或者说，是馋昆明的李大师亲手做的美食了。自从去年尝到李大师亲自操刀的法国野捕生蚝、战斧牛排、云南菌子之后，那种舌尖上的触动一直萦绕在老王的脑海里，挥之不去。

李大师曾担任过中国驻法领事馆总厨，回国后也担任过上海外滩一号的总厨，后来自己出来创办了"魔厨－李"的餐饮品牌，主攻西餐，江湖号称蓝带魔厨。去年老王一家就是在李大师新开的餐厅里享受了一顿饕餮大餐，不过今年就略有遗憾了，因为疫情原因，李大师的餐厅关闭了，老王再也无法像去年那样享受心心念念已久的法国野捕生蚝了。但是让老王意外的是，性情中人的李大师居然借了厨房并亲自下厨，为老王全家和老王朋友全家做了一桌地地道道的云南菌子宴，让老王一次性见识了白松露、香格里拉松茸、黄赖头（黄牛肝菌）、鸡油菌、青头菌、见手青、鸡纵菌等认识或者不认识的菌子，其中黄赖头和见手青是含有毒素的菌子，也只有李大师这样持牌的大厨才有资格烹饪。而且最最关键的是，这一桌菜的食材都是李大师一早亲自去市场采购回来的，绝对新鲜、绝对货真价实，这份心意让老王和朋友着实感动，毕竟老王仅和李大师在一年前有一面之缘，而老王的朋友更是第一次和李大师见面，但大家一见如故，仿佛多年朋友一般，看来"人以群分"确有其道理，性情相交自然会有意外惊喜。这不，李大师就对老王和朋友拍胸脯，说将来老王和朋友的"吃喝玩乐"中排名第一的"吃"的问题就交给他来解决了。

李大师不仅是性情中人，还多才多艺，玩摄影、骑摩托、做陶土、打刀具等，无所不会、无所不精，用李大师的话来说，他的终极目标就是拥有这么一家餐厅，用自己拍摄的风景照做背景装饰、用自己打造的厨具做菜、用自己烧制的陶器装食物……有这样梦想的人，生活又怎会枯燥、肩膀又怎会被困难所压垮？所以老王和朋友面前的李大师依然那么随性、那么积极乐观，而且也在积极做着重出江湖的各种准备，包括与老王所投资的直播带货项目探讨合作的可能，毕竟老王投资的项目旗下可是有全网人气第一的吃播网红哦。只不过最近全民勤俭节约氛围浓厚，原来靠胡吃海喝出名的吃播网红，其江湖地位渐有不保之势，老王觉得像李大师这样有着丰富食材知识和浓厚烹饪底蕴的大师，一旦与流量网红相结合，也许就会有意想不到的效果。所以，两杯酒下肚后，老王就和李大师拉钩约定，除了每年暑期雷打不动的昆明饕餮之行外，以后还要多相互走动，争取早日把李大师也打造成一个流量网红。

小小的美食背后，其实也有一段段有趣的故事和人生，就像李大师这般乐观的人生一样，既让人感慨，同时又能让人受益匪浅。老王不愿意改口直呼李大师本名，还是一直用大师来相称，除了习惯使然之外，更是敬佩其对工作的敬业、对失败的坦然、对人生的乐观，以及率性而为的真我性情。在美食界，老王已经找到了心目中的大师，其他行业的大师也快到老王的碗里来吧，如果能和大师们做伴，那老王的余生也将会过得精彩无比。

87

习 惯

2020 年暑期高尔夫球集训，最后一天的场地是昆明曾经的最美球场，只不过后来因为政策限制关闭了，最近才刚刚开始又低调开放，不过还是被封闭了五个洞，于是标准的十八洞就被缩水成十三洞。由于长时间关闭，无人打理，T 台和球道上打痕遍地，果岭上满眼沙砾，根本无法和正常球场相比；而且场边杂草丛生，球飞进去根本就找不着，所以陪老王一起下场的朋友戏称其是"一袋球场"，意思是整场下来要打丢一整袋球；加上是低调开放的，所以没有更衣室、无法洗澡，更没有球童，所有一切均需自助，自己拿杆、自己判断距离、自己选择方向、自己摆线。眼前这些和老王前六天的完美体验有着云泥之别，就像突然从七星管家式服务酒店一下子滑到了小镇招待所一样，让人茫然无措，老王在完成第一个洞后，甚至有了转头就走的念头，不过看着和老王一起下场的台湾教练和职业选手都乐在其中，老王也就忍了，忍了之后慢慢也就习惯了，习惯之后也就慢慢找到了其中与众不同的乐趣了，最终打完了全场，也验证了"一袋球场"果然名副其实。

人就是这么神奇，能够从万物生灵中脱颖而出，适应环境、抵抗压力都是隐藏在骨髓里的能力。老王在大学期间和同学出去旅游，也住过满屋蚊子的招待所、挤过每站都靠停的绿皮火车、睡过硬座列车的椅底、啃过冷硬的大列巴，现在条件好了自然是商务舱、一等座出行、五星级酒店住宿，但如果外部条件不允许或达不到要求，老王也是可以承受的，毕竟之前也苦过不是。老王只是担心从没过过苦日子的小王同学能否和老王一样坦然接受。这次小王同学和王太先去了丽江和大理，在丽江住的是严重名不符实的民宿，回到大理后住的是星级酒店，小王同学直到那时才终于长叹一声——"终于回到了熟悉的酒店"。老王为此很是惆怅呀。

这还只是外部条件变化的时候，如果自身条件也发生变化了呢？乞丐变成了富翁，还能坚守原来的习惯和品性吗？老王认为比较难，否则也不会有"暴发户"这个形容词出现了，也不会有"任正非机场排队等出租"的新闻上热搜了。那王子变乞丐呢？老王认为更加难，除非有超好的心态和超强的自我控制力，否则心态崩塌的结果是很可怕的，抑郁症现在可不仅仅是一个医学名词，还代表着更广泛的社会现象。老王觉得，一个人只有经历过起伏之后，其品性习惯才能被真正看清。

一是经历过"富到穷再到富"。含着金钥匙出生、家道中落、最后逆袭翻盘，那些都是都市偶像剧中的桥段，老王是编不来的。老王在现实中确确实实就遇见过这么一位，赶上了改革开放的第一波浪潮，在别人每个月还拿着几百元工资的时候，他就已经资产千万了，后来在产业结构调整时跟反了大势，把地产卖掉去造了船，结果一贫如洗；然后又二次创业成功，成为新能源行业的标杆。当时老王与其说看重这个项目，还不如说是看重这个人，因为他见过大钱，心态稳加之过去失败的经历，所以知道怎么花钱，而不像有些草根创业者融到一大笔钱之后，不是懵了就是飘了，结果往往就会出问题。

二是经历过"穷到富再到穷"。一种是草根创业者失败后回归草根，若还能保持本性是不容易的，更多的是见识过山顶的风景后就认为征服过大山，眼里再也容不下原本的平淡生活，一边抱怨着命运不公、一边还幻想着能东山再起，但真正能东山再起的又有几个。还有一种是夜场的女孩们，老王因为应酬需要也接触过一些，跟她们交流多了就发现，这个行业只要一入行就很难再出来，原因无他，钱来得太快，消费习惯随之猛涨，等转身回到正常工作时发现收入远无法支撑高涨的支出，于是只能再入深海。进夜场工作的原因众多，老王从不因此歧视任何一个人，但却为那些能守住自己消费习惯，为将来有一天能转身退出做准备的女孩们竖大拇指。

　　至于那些"穷—富—穷—富"反复起伏的，就别往自个脸上去贴那连续创业者的标签，那就是个倒霉蛋，拜托，离老王远一点。

88

规 划

老王最近总是好为人师，上次开山收徒还没过多久，办公室就又迎来一位美女朋友和老王探讨事业和人生规划。也许是老王写杂谈分享了较多的人生经历和经验，现在人人都以为老王应该是历经风霜、看穿生死，可以帮人指点人生、令人醍醐灌顶了。可老王明明还很年轻的，还有很长的人生之路要走，如果不怕老王"毁"人不倦，那就放马过来，让老王指点三下。

话多无益，回到正题。美女朋友和老王探讨的话题，在老王看来，都很有代表性。

美女朋友第一问：事业上如何跨越瓶颈？

美女朋友履历亮眼，985高校毕业、在BAT大厂做过管培生、担任过知名财富公司中层，如今是某知名研究院的业务骨干，同时还兼任着母校校友会秘书，每日里接触的不是上市公司董事长，就是政府高官，手里可谓资源满满。可就是这样一位令外人羡慕的、前途似锦的人，却也有自己的彷徨，对于如何突破现有瓶颈，去创立自己的事业，反倒模糊不清。

老王用一句话稍稍点破了她的困惑——"资源不在多而在精"。20岁拼体力、30岁拼经验、40岁拼资源，这句话是老王常念叨的，其实还有一句，体力和经验都是打工者依靠的法宝，而资源才是创业者拥有的神器。对美女朋友而言，更上一层楼依仗的是资源，所以老王不建议她去考CFA之类的证，或者再去读MBA、博士这样的学位，因为这些证或者学习班，充其量只能事倍功半地增加资源数量而非质量。美女朋友如今不缺资源，缺的是能握在自己手里的有效资源，缺的是当她离开目前平台之后依然能为她所用的资源，而不会去面临"离开平台后什么都不是"的结局。

为此，老王给了美女朋友三个灵魂拷问：五年后我要干吗？干成这事要有哪些准备？这些我都准备好了吗？只有想清楚了这三个问题，才能知道自己手中的资源哪些有效，哪些无用，才能将自己有限的时间和精力准确地放在刀刃上，才有可能在迷茫的丛林里找准方向，突破瓶颈。

美女朋友第二问：生活上如何突破瓶颈？

其实这个问题并非美女朋友提出的，而是老王在帮其梳理事业线时带出来的，因为结婚生子对女生而言，意味着事业在一定程度上的停顿，所以适婚年龄的女生一定要事业线和生活线，双线规划。

事实上，美女朋友个人条件非常优秀，肤白貌美身材好，事业平台也好，个人资源也多，关键是身边也不乏众多暗送秋波的追求者。可惜美女朋友犯了一个许多优秀女孩子都会犯的错误——被动等待，等着意中人踩着七彩祥云降临，等着天上掉下个白马王子砸到自己头上。老王已经不止一次在杂谈中强调，幸福是争取来的，不是等来的。第二个错误就是不清楚自己要什么样的人生伴侣，那些常把"我没啥要求，就是看眼缘""是个男的、活的就成"等挂在嘴边的，其实都是要求最高的。有要求还能按图索骥，没有要求或要求不清晰的，反倒是会被岁月蹉跎成齐天大"剩"。所以对此老王还是那句老话，想清楚了就上，别犹豫。

当然美女朋友还是有自己的人生规划的，这等隐私老王自然不能透露。老王只能说，给老王这么一捋，美女朋友已经比较明确未来三到五年之内的目标和实现路径了，以及如何平衡好事业和生活，不管是时间上还是精力上。第二天，美女朋友给老王发了一段感悟，说五年成熟的竹子，前四年其实都在扩展根系，然后才有第五年的破土而出，说自己应该会像竹子那样，五年后给老王一个惊喜。看来老王一下午的苦工没有白费，更希望能看到五年后美女朋友的惊喜。

美女朋友的瓶颈问题，任何一个人都会遇到，只是时间早晚不同，问题难易不同而已。勇于面对、积极应战、看清问题本质、情商智商又在线的话，应该不难克服，怕就怕未战先怯、认命了事。如果真的遇到过不去的坎，也别怕，放着老王这么个大活人不请教指点一下，那你还准备请教谁呀！

89

面 具

　　童话故事里，每个人都有两张面具，一张是天使面具，另一张则是恶魔面具。老王也有，特别是小时候，魔鬼附身时，也会拉女同学头发、往文具盒里放癞蛤蟆、欺负比自己小的低年级男生；而天使附体时，也会将邮局多兑付的汇款原封不动退回、冒着挨揍的风险为同学出头等。等到如今活成了老王，身心已受到社会多年磨砺，那两张面具也不再那么容易显现，但在独处时，老王仍然会为当初某些鲁莽愚蠢的举动或决定而有一丝后悔。比如，老王和王太恋爱时，有一次晚上压马路，迎面走来一对白发苍苍、走路颤巍的老夫妻，在即将擦身而过时，老婆婆用很低的声音对老王和王太说，能不能给他们一点钱，老爷爷已经一天没吃过饭了。老王和王太当时第一反应是觉得他们是骗子，因为满街乞讨的骗子太多了，所以没有理睬，自顾自走开了。但走了几百米以后老王突然发现自己判断出错了，一是老婆婆是用上海话来乞讨的；二是两位老人从外表上看是典型的上海老人，而非那种在地头卖惨乞讨之流；三是老婆婆语音很低，语气羞涩，仿佛在做一件丢脸的事，那一定是遇上了极大的难关才会逼得老人这样出门。当老王回头再想找到那对老夫妇时，却已经没有了对方的身影。这件事至今一直萦绕在老王心头，每当这对老人在老王脑海中出现时，都会对老王的良心做一个小小的拷问。

对于小王同学的教育，老王和王太还是有事实上的分工的，大家互相配合、分唱红白脸，但有一点却是相通的，就是从来不擅自给小王同学报任何补习班和辅导课。老王更为过分，甚至从来不关心小王同学的考试成绩，以至于最近一次高中同学聚会上，老王的同学们问这次小王同学历史会考成绩如何时，老王居然只能一摊手表示不知道。但老王也曾揍小王同学把塑料鞋拔子都打断过，那时王太出差，轮到老王负责监督小王同学的周末作业，也许是老王一贯放养的缘故，结果小王同学周六告诉老王作业都完成之后，老王很是高兴，第二天还带着小王同学外出，尽情吃喝玩乐，可等晚上检查作业时才发现，所谓周六高效完成的作业竟然是满纸空白，于是鞋拔子悲剧了。事后，老王告诉小王同学，这一顿大揍，不是因为作业没完成或者完成得不好，而是因为小王同学的"欺骗"。如果现在为了少做作业而去欺骗，那将来就会为了金钱、为了感情去欺骗他人，那时付出的代价就不可承受了。同时，老王还告诉小王同学，男人要学会两件事情，一是要诚实，二是要有担当，说到就要做到，做不到的就不要去承诺。所以，这一顿大揍，就是要把刚刚住进小王同学心里的魔鬼"欺骗"赶走，要把"诚实"和"担当"这两位天使请进来。

老王自己也在践行着对小王同学的要求。了解老王的人都知道，老王从来不轻易承诺任何事情，但只要拍了胸脯答应的事情，再苦再累再亏也一定会完成。关注老王朋友圈的朋友，也可以从老王杂谈中读出老王为人处事的原则和风格：说话直来直去，做事也是直来直去，有时候的确会吃亏，甚至是大亏，但更多的时候是交往到了一批同样品性的朋友。但最近几件黑天鹅事件发生后，老王发现身边的朋友中，也有一些人发生了根本变化，不再如以往那般值得信任和托付了，老王是既心痛也无奈，就像老王一个朋友自己说的，他慢慢地就活成了自己曾经讨厌的那个模样。老王这篇杂谈原本准备取名为"金玉败絮"，就是源自对这些朋友变化的感慨，但感慨过后也就释然了。人生原本就是如此，面对外界的纷扰和压迫，能不能赶走心中的恶魔，小心呵护住天使的翅膀，一直在考验着每一个人，老王自己就一直在努力着，自然，也会督促小王同学做出同样的努力。

90

南 墙

　　老王有一个撞南墙撞得头破血流才换来的经验，那就是，没事少去做董监高（董事、监管和高级管理人员），或者担任法人代表，因为如果公司不在控制之中，这些高管职务有的只是责任和风险，而好处和收益是一点都看不到。老王在第一家单位时，曾按老领导要求去担任了一家生物技术公司的法人代表，股东就两个，后来两人闹掰了，公司也就没再运营下去，但也没注销，就那么一直悬着，直到公司进入了工商经营异常名单。这么一来老王就不淡定了，因为老王从第一家单位离职后，先后在多家公司任过职，但十多年来却一直挂着这个项目公司的法人代表，这次进黑名单恐怕会影响到老王现在投资的其他项目了。所以老王当即动用了各种关系和手段，诸如发律师函、准备诉讼、请老领导出面协调等等，连哄带骗，白脸红脸齐出，终于让闹掰的两个股东分别在相关文件上签字，把项目公司给注销了。这个南墙撞得真是生疼生疼的。

前段时间，老王的银行卡突然被司法冻结，开始老王还以为自己犯事了，着实担惊受怕了好一阵，后来才了解到原委，原来是老王的一个项目和项目老总遇上了黑天鹅事件，老王作为项目的董监高被无辜牵涉进去，再后来就是老王作为股东，开始焦头烂额地紧急处理这个问题项目。现在回过头来看那段时间的高压经历，老王只有两个感慨：一是，这过程中老王关心的重点是自己会不会被牵连，而没太关心自己的资金资产会有多少损失，真正体会到了那句"生死面前钱算个屁"的真谛；二是老王的私房钱被曝光了，老王在第一时间把唯一——张没被冻结的银行卡里的资金，基本上就是老王这几年攒下的所有私房钱了，全部打给了王太，现在恐怕是要不回来了。王太美滋滋地告诉老王，以后这样的事可以多来几次。唉，脑壳又开始疼了。

生活中也到处是南墙。王妈妈原本是个乐观的人，退了休就爱健身养生，还时不时拖着王爸爸一起出去旅个小游啥的，可突然有一天就来找老王，神情紧张，嘱咐这嘱咐那的，像在交代后事一般。原来她最近一次体检时发现肺里有阴影，怀疑是不好的东西，但还没确诊。王妈妈说自己都想开了，做好了最坏的准备，但写在脸上的神情明明白白就是"想不开"三个大字。后来老王托了关系，找了三个专家给王妈妈再三复查，最终排除了怀疑。这下才真的是守得云开见月明，王妈妈的精神状态立马恢复了，甚至气色更好了。经历过这一次极限压力的考验，相信王妈妈以后也会更加自信和热爱生活。老王陪伴在旁，也深切感受到了生死之大，什么钱呀，恩怨呀，在生死面前那都是过眼云烟。

都说不撞南墙不回头，撞了南墙才知道滋味。可什么才是南墙呢？是撞不破的墙，还是那面失败的墙？其实都不是，在老王眼里，南墙应该是那种能给自己带来极限压力的经历，比如失去爱情、失去财富、失去自由，乃至失去生命。撞南墙之后的最大收获不应是后悔，而是经历过极限压力之后的那份淡然、那份经验，以及那重拾的信心。

老王有两个项目老总，南墙都撞得异常凶狠。一个是做游戏的，在大政策收紧的大形势下，还要用账上仅剩的 200 万元去赌政策的改变，结果输得一塌糊涂，房、车、妻子都没了，孑然一身，现在在二次创业。另一个老总在融资顺利时盲目扩张，融资青黄不接时再刹车已来不及，于是经历了业务急剧收缩、大规模裁员风波，到现在还背负着沉重的负担，为生死存亡在争取最后一线生机。这两位老总当初撞南墙之前的那种自信和狂妄，老王是拉不住也劝不回，但经历了极限压力之后，老王发现他们变得沉稳务实了，在某种程度上也许更符合老王对项目老总的要求了，只是这个代价大了点。

91

甲方

　　有个朋友两年前从老王投的项目中离职去创业了，前几天来老王办公室拜访老王，请老王帮他的创业项目把把关。有朋自远方来不亦乐乎，老王自然得用心诊断。项目是围绕健康养老产业的，简称康养产业，朋友首先从培训切入，跟人合伙建了一家培训机构，发证的那种，培训目前康养行业比较紧缺的护士和护工；同时朋友也外包开发了一套软件系统，可以为康养机构的入住老人自动定制日常护理清单，据说这也是康养机构紧缺的，因为目前日常护理清单都是凭经验手工处理，效率极低，这套系统已经有20多家康养机构在试用了；最后朋友希望通过抓住两头，一头用软件系统抓康养机构，另一头通过培训抓护理护工，最后在康养产业形成一个闭环，然后就可以做很多事情了，比如通过护工可以将针对 C 端的康养产品和服务带入康养机构让有实力的老人来消费，或者通过系统平台为康养机构提供集采服务。老王问朋友，做这些业务的人已经很多了，那他自己的核心竞争力在哪里。朋友回答，他母亲是康养行业护理服务标准的制定者之一，所以他的服务和产品是能满足政府要求的，而目前整个行业还是以政府支持为主要导向，所以他自认竞争门槛还是有的。

从模式上看，项目涵盖了需求侧、供给侧，两侧都有解决方案，还形成了闭环并有自己的核心竞争优势，很完美了不是？但老王是排雷高手，请看老王如何拆解。

首先，看培训。技能培训的核心竞争力不是在培训技能，也不是发个证，而是培训之后学员能够就业上岗或者增加收入，只有如此才能在招生上形成良性循环。但项目目前还看不到在就业上的优势，培训上的收入主要还是来自政府的技能培训补贴，换句话说，项目目前还是靠降低学员培训成本来招生的。和增加收入相比，降低培训成本吸引力显然不足，这就有点难了。

其次，看康养机构。项目软件目前主要还是解决日常护理清单的自动定制及标准化，只是解决康养机构的某个点上的需求，还远远称不上系统或平台。如果要形成一个覆盖大部分业务的平台系统，就像医院的 HIS 系统那样，且不说投入需要多大、是不是还需要整合物联网技术等等，光从时间效率上看，前期就能熬死你，后期更是烦死你，所以这个梦还是不要去做了。再则，寄希望于通过平台往康养机构"带货"，老王更是劝他不要想了，这得动多少人的奶酪呀。老王另外一个朋友做了个停车场管理系统，第一个客户是一家医院，上了系统以后，停车费收入从原来一年200多万元一下子翻了一番到了400多万元。这不是好事吗？未必吧。这位朋友后来就再也没有接到过这一地区任何一家医院的单子。

最后，看所谓的闭环。闭环的两头是二个不同的行业，一头是技能培训行业，一头是系统开发和集成行业，两头要串起来的话，中间还需要一个平台运营公司。那老王的问题就来了，你认为自己到底是哪家公司？培训、系统开发还是平台运营？千万别说自己是三家公司的糅合，都干。这话估计自己都不信。所以梦可以做好一点，牛皮也可以吹大一点，但在规划公司战略的时候还是要接地气一点，特别是在和投资人交流的时候更是要稳妥一点。像老王这样的投资人都不是傻子，表面上还是会点头鼓励你，"不错不错，小伙子有想法"，其实心里已经把你给拉黑了。

当然朋友不是来找老王要投资的，而是真心实意地来请教老王，老王自然不能拉黑人家，反而教他用"甲方思维"来捋一下自己的行业。康养产业目前还是政府主导和补贴的，所以政府是康养机构的甲方，推导下来，康养机构是护士护工的甲方，护士护工又是培训机构的甲方。作为乙方，只有绑定甲方的出资方才能去做甲方的生意，比如要赚护士护工的培训费，就必须有康养机构站台才行，而要搞定康养机构那又必须要和政府站在同一边才行。那么项目有没有跟政府站在一起的可能呢？老王觉得有机会，因为朋友妈妈的行业地位，政府还是很认可的，如果能够利用好这个优势，解决政府对整个行业监管和补贴上的痛点，那还是有机会一步步实现前面的梦想的，但至于怎么做，那是具体战术问题了，老王也说不出个道道来。

最后老王还是给了他两个意见：第一，先不要去想闭环，还是要专注自己的优势所能覆盖的节点，否则资源分散了、精力也分散了，就没一件事能做得好；第二，即使要做闭环，也限制在一个小范围，比如某个县区，利用"甲方思维"先和政府绑定，再做试点，而不是大张旗鼓把两头先都做起来，而后以为一拼接就是闭环了，那是不对的。

92

海 归

老王原本对小王同学的规划是，读完初中后，直接去海外念高中并在海外考大学，而不走国内的高考体系，实在是因为老王和王太对国内的某些填鸭式应试教育失望透顶，希望小王同学能有个快乐童年的同时还能够及早与世界接轨。为此，老王和王太早早就做了准备，除了拼命挣钱攒学费之外，每年还安排至少两次海外旅游或者游学，让小王同学从小就感受异域的风土人情。也正是因为有这个留学规划，老王也才有底气和小王同学的小学老师硬怼：咱小王同学不参加国内高考，所以别用国内高考那套理论来教育家长老王。

可惜，老王被"打脸"了。前年暑期，小王同学在英国参加了一个国际夏令营，和来自俄罗斯、巴西、欧洲其他国家的小伙伴们一起上了两周的国际课程，期间也许是见识了其他外国小伙伴们的自由民主，所以小王同学的自主意识突然觉醒了，回国后就很严肃地和老王、王太宣布，他不要走老王和王太给他安排好的人生，而是要自己决定未来要走的路——参加国内高考。老王和王太自然支持小王同学的决定，毕竟省了一大笔支出呀，但老王在窃喜之余，还是对小王同学提出了要求，既然决定了要参加国内高考，那就必须按国内套路来，要认真接受和对待题海战术，小王同学欣然同意。目前看来，小王同学表现还不错，虽有偏科，但成绩还是稳定在年级前 1/4，小王同学满意了，老王自然也会满意。现在回头再看，小王同学两年前的决定还是很符合当下后疫情时期及中美脱钩大形势的，这也是老王被打脸之余唯一可以自我安慰的地方了。

老王和王太都是"土著"，没有海外留学的经历，但对"海归"的认识却比较深刻。王太在世界五百强外企做人力资源，多年的人事工作经验，使得王太一直对"海归"不太感冒，无论是做人还是处事能力上，总觉得"海归"不如"土著"好使，当然除了能力之外，还有情商、品性等其他一系列的考量。对于"海归"，老王也确实提不起任何兴趣，在老王还是小职员的时候，也没见过哪个"海归"同事做事强过老王、做人胜过老王的；当老王做了小领导之后，手下带的"海归"也没见能力突出到令老王满意的；现在老王自立门户后，招进来的"海归"也没有特别令老王满意、值得大力培养的，反倒是目前正在培养的几个都是"土著"。

所以老王很早就对留学这件事看比较透，早些年"洋大人"还管用的时候，"海归"的光环确实能加分不少，这金砖敲开的门层次确实高，但能力不行的话，最后还是会原形毕露。老王当初之所以还要小王同学海外留学，一来是让小王同学能走出国门长长见识，跟出国旅游一个道理，只不过时间长一点，还能拿张文凭；二来是不想小王同学承受老王曾经承受过的题海战术的苦，能过得更快乐一些，根本就没做过小王同学学成归来一举进入五百强企业担任要职这种梦。当然，小王同学如果自身努力，一路开挂，常青藤拿下、华尔街职位拿下，老王当然会自豪开心，但如果小王同学努力无果，别急，不还有老王这根起跑线嘛，拼其他不一定行，拼爹还是有一点自信的。

　　当然，老王也不是全盘否定海外留学，真的想要通过海外留学途径来提升自身价值，那"海外名校 + 海外名企（或知名研究机构）"必须是标配，而且在海外名企或知名研究机构待的时间越久越有价值，因为那才是真正的人才。至于镀一下金就回来，以为就能拿到敲门金砖了，那已经是几年前的老皇历了，而且现在国际大形势不好，海外留学风险大增，所以有这打算和想法的家长们都要掂量掂量，自家孩子是不是那块料。另外换个角度来看，国内发展就不香吗？就算自己也不努力，拼爹也不成，那交朋友总会吧，熬到 40 岁以后，同学朋友中总有发达的、升官的，只要关系好，不一样有人脉可以做事嘛。别跟我说，连朋友都不会交，那就早点洗洗睡吧，这篇杂谈跟你一点关系也没有啦。

93

朋　友

　　周华健的《朋友》曾一度是老王唱歌的开嗓曲，"朋友一生一起走"的旋律在某一段时期在老王脑海里无限循环播放。老王身边有不少老总朋友，这些老总朋友也有各自的朋友圈，经常会邀请老王一起参加他们的饭局和聚会，所以老王有大把机会看到这些老总朋友们起高楼、宴宾客，虽然其中一部分楼现在塌了，但绝大部分的楼还在，只是如今宴席少了、宾客少了、菜式也降格了。老王现在也会把朋友分成三六九等，区别对待，虽未必准确，但也大差不差。

　　第一，朋友圈朋友，在各种大饭局上酒足饭饱之后加的，其中偶有一两个后续会再联络一下，但绝大部分就只在朋友圈看动态了，故称为朋友圈朋友。

第二，酒肉朋友，狭义上也称狐朋狗友，靠饭局维系彼此情谊，没有饭局基本就不凑在一起，但即使凑在一起也不会聊生意的那种，所以从广义上看，关系不深的同学也可以归为此类，毕竟有空的时候还是会参加同学聚会的。

第三，生意朋友，从业务合作开始到性情相投，合作越持久，友谊也会越深入。生意朋友之间聊得最多的当然还是生意，而且酒越多生意越好做。生意朋友有时也会两肋插刀，只不过要先算计一下损益，再看是将刀插在自己身上还是朋友身上。

第四，兄弟（闺蜜），这是朋友关系中的顶配了，无论是朋友圈朋友、酒肉朋友，还是生意朋友，只要持之以恒地真心相交，皆有可能升级为兄弟（闺蜜）。兄弟（闺蜜）不会天天跟你吃喝玩乐，也不会一开口就谈生意谈合作，但有一点可以保证，就是当需要的时候，那两把刀一定是插在他自己身上。

老王原先对这些朋友还没有那么清晰的界定，在对待朋友上也都是报以真心和真诚，期待以真心换真心，以真情换真情，但无情现实却一再打痛了老王的脸。

老王的搓衣板官司就是一例，当时借款人是老王的一个合作伙伴，和老王认识也快两年了，人很热情，品性等各方面和老王也对路。他在北京有分公司，有一年老王一家去北京的时候，他还特意安排了司机和大奔驰鞍前马后地全程服务，所以老王慢慢就把他看成兄弟了，因此当他开口借钱时，老王毫不犹豫地就打了200万元。只是没想到，老王把他当兄弟，他却只把老王当生意朋友，当老王为他两肋插刀之时，他还在老王身上补了两刀，最终他爆仓之后成功把老王也带进了坑。

老王还有一个陪伴了 6 年的项目，项目老总对老王也是以兄弟相称，一开始或许还有对投资人尊敬的成分在里面，但时间久了之后也有了惺惺相惜之情。老王也慢慢把他当成兄弟看待，除了在项目发展上尽心尽力地提供好投后服务外，对于他个人生活中遇到的各种问题，也会以一个老大哥和过来人的身份给予意见和建议。直到后来黑天鹅事件出现，老王才知道，原来他也只是把老王当作更贴心一点的生意朋友看待，有很多跟项目发展相关的人和事都没和老王交过底，导致后来的黑天鹅事件将老王也打了个措手不及，直到如今，老王仍然在焦头烂额地处理黑天鹅事件的后续影响，肋间插的那两把刀硌得老王实在生疼。

类似事件在其他老总身上也或多或少发生过，只不过后果没有黑天鹅事件这么严重而已，但却也足够改变老王对这些项目老总的认知了。当然，老王也遇到过真心为了老王而插自己刀的兄弟。有一位项目老总在老王遇到黑天鹅事件的第一时间，就给老王电话，告诉老王他会全力支持老王处理黑天鹅事件，只要老王开口，要钱给钱、要人给人。接到这样的电话，虽然老王至今还没有开过口，也许以后也不会开这个口，但心里还是暖洋洋的。

老王最近有个兄弟也摊上了一件不大不小的事，老王和另一个兄弟正在积极努力为他出谋划策，努力到甚至不惜自己名声和金钱的地步了，根本就没考虑自个得失，满脑子只有全力帮兄弟渡过难关的想法。相信将来这位兄弟也会不遗余力地来帮老王和另一个兄弟的。这才是老王心中真正的铁打的朋友关系了，这样的朋友不用多，人生中有两三个足矣。

后疫情时期经济增长大幅下滑，大环境的不好，会让很多人现出原形，就像潮退之后才知道谁在裸泳一样。网上曾有个段子说：爱不爱你？领个证就知道了。是不是兄弟？开口借个钱就明白了。老王觉得这些考验不错，以后可以试一下。

94

手 套

　　每年夏天都是老王的换肤季节，特别是从昆明回来之后，强烈的紫外线成就了黑白两种泾渭分明的色差。不懂高尔夫球的人或不了解老王的人，就会奇怪老王的左手腕处为什么会有色差，而右手没有，而且左手腕的色差线还不是一条直线，而是拗出了一个小小的弧度。每次被问及时，老王就会"一本正经"地告诉不那些了解老王底细的人，老王是一个专职司机，要戴手套工作的那种，由于左手靠窗日晒较多，所以就晒成了那个样子，至于色差线的弧度问题，嗯嗯，那是因为穷，手套豁了口都没钱换新的，不管你信不信，反正老王自己信了。事实上，手腕上的肤色差的确是太阳晒的，只不过不是左手靠窗，而是整个人都放在了大太阳下；色差线也的确是手套惹的祸，只不过不是工作手套，是高尔夫球手套而已；左手有色差而右手无，那也是因为男子高尔夫球手套只戴一只手。所以别小看一只小小手套，搞不好也能成为老王调侃的话题，用上好多套路哦。

今天老王谈的自然不是戴在手上的手套，而是那种替躲在幕后的正主出面办事捞钱的人，俗称"白手套"。这类人表面上看毫不起眼，既没显赫家世，也无傲人经历，可突然之间就发达了，手里握着一大把资源，身后隐晦地站着一个或几个手眼通天的大人物，仿佛能搞定一切事情，做成任何生意。这样的人物，老王身边的朋友就碰到过几个。

老王有个朋友，十多年前在处理单位名下持有的一家上市公司股权时，就碰上了这么一件怪事。那天和上市公司沟通初步处置方案后，朋友就被同行的另一位债权人带去见了一位神秘人物，在一间七拐八弯的胡同尽头的屋子里。那位神秘人物口气很大，意思是，只要朋友把股权转给他，他就能摆平这堆股权后面乱七八糟的事。原来这家上市公司陷入一个巨大的造假事件中，牵扯到了一堆的国字头企业，朋友也是处理得焦头烂额。从朋友自身来说，有人愿意接手自然是好事，但这是单位的资产，他个人也无权处理，另外他也不相信神秘人物有那么大的能量能理清这其中错综复杂的关系，所以就当场婉拒了。出门后，同行人"不小心"透露了一下神秘人物的背景，顿时把朋友惊出了一身冷汗，出差回来后甚至开始准备后事了，写了封信交给同事，说万一联系不到他了，就让同事把信转交给他夫人。担惊受怕了好一段时间后，发现还是风平浪静，这才渐渐放下心来。看来这神秘人物要么在虚张声势，要么就是不屑朋友这等小人物。再后来，这事也就慢慢地变成了朋友酒桌上的段子，直到被老王听到。

老王还有个朋友，项目惹上了比较大的麻烦，需要找比较高层面的关系通融一下，于是不少"慕名而来"的各路"白手套"就纷纷登场了。有的拍胸脯说保证把事情首尾都处理得干干净净，然后开出一个惊人的天价服务费；有的来头非常大，代表这个办那个委的，好像能直达天听，恨不得拉着你立马去见大领导，当然事先不表示表示怎么行呢；还有的看上去比较牢靠，甚至能把退下来的前领导请出来喝茶吃饭站台，一顿吹嘘是免不了的，事先的跑腿费也是免不了的。结果朋友饭没少吃、钱没少花，可麻烦依然摆在那里，丝毫没有被解决。朋友有时也非常懊恼，不止一次对老王吐槽，如果把花在这帮"白手套"身上的时间和金钱，正儿八经地用来应对麻烦，说不定也能解决一大半了。

当然，也不是所有"白手套"都是忽悠人的，还是有办实事的和办成事的，老王有好几个项目在和政府合作时一帆风顺，能够拿到一般人拿不到的优惠政策，其中就少不了"白手套"的保驾护航。存在即合理，"白手套"也是寻租经济的产物，符合老王一直强调的政治经济学的内核逻辑。过去"白手套"比较直接和嚣张，就像十多年前老王朋友遇到的那样，但最近几年纪律要求严格了，白手套活动就更隐蔽了，但弊端是，浑水摸鱼者也更多了，更不易辨别了。老王要提醒的是，千万睁大眼睛，好好辨别"白手套"的真伪。老王自己无打假经验，但老王总觉得，事还没办就要先收钱的，不管金额大小，总不太符合逻辑。当然，钱多人傻，就愿意把钱撒在退居二线的领导饭局上找感觉的，当我没说，你自个儿开心就好。

95

破 题

　　老王有个朋友，在朋友圈了发了这么一段感悟，说人生就像是在不停地应试答题，在学校中面对的是试卷，得到的是分数；在工作上，面对的是领导和客户，得到的是订单和升职加薪；而在生活里，面对的是亲朋好友，得到的是爱情、亲情和友情。所以要感谢应试教育，而不是吐槽，因为正是应试教育培养了我们严谨的应试态度和百折不挠的刷题技能，才能在人生的一个个考题上给出自己最努力的答案，换个快乐教育你试试看，每道题上不都摔个四仰八叉才怪咧。老王也是深有同感，无论事业上还是生活中，每跨出一步，哪怕是小小的一步，都仿佛面临高考那样，需要思量万千、准备充分，而且还没得回头路可走，因为一旦跨出，就必须接受命运的选择和考验了，直到下一个考题出现。

目前为止，老王一路走来，也面对了不少人生考题。学习上的考题没太难倒过老王，虽然老王的大学不算顶尖，但高考成绩还是不错的，清华北大去不了，复旦交大还是没问题的，但老王最后还是选择了上海大学，就是因为奖学金高哇，老王那时真是穷，也是为生活所迫而不得已的选择。老王读研时，有个老挝来的留学生同学，那时他大可在国内选择任意一所大学免试就读，结果他还是选择了上海大学，老王问其原因，他很委屈地说，北京有北京大学、南京有南京大学，都是全国重点，而上海作为中国最大的城市，他理所当然地认为上海大学应该是顶级中的顶级才对，所以就果断出手了。逻辑没问题，只是命运的玩笑开大了。同样，面对生活上的考题，老王自问答得也还满意。王太和小王同学在杂谈里出镜不少，各位看官也有所了解，所以老王一家子虽说不上琴瑟和鸣、父慈子孝，但也风平浪静、一片祥和。而且天蝎座的老王会将生活的规划做得妥妥当当，基本不会让生活的小火车开出预设轨道之外。

唯有工作上的考题，老王仍在孜孜不倦地作答，而且考题越来越难，老王也越来越不敢轻易下笔。工作上破的第一题是"入行"。老王本硕读的都是贸易专业，按常理来说职业生涯应该像许多大学同学那样入行外贸，积累一定客户资源后单干，或开贸易公司或买个厂子自己接单，然后在庚子年里躺倒在贸易战下。但命运偏偏就跟老王开了个玩笑，让老王在实习阶段接触了股权投资行业，结果一头就这么栽了下去。老王破的第二题是"挑

大梁"。把老王当关门弟子的老领导，是帮老王破题的贵人，如
无老领导的悉心教导和大胆放权，老王也不会在极短的两年时间
内，从一个平平无奇投资经理成长为在行业中稍有一席之地的合
伙人。如今老王正在破第三题，"带队伍"。原本就不好破的题，
在庚子大年国内外纷争不断、经济大势下滑的背景下，愈发难
破，老王不仅要带好自己的队伍，还要带好项目老总们的队伍。
可自己带的队伍一再减员，项目老总们的队伍里又黑天鹅事件频
发，搞得老王已经焦头烂额、无暇他顾了，脑海里总是不由地浮
现出前东家一位老总的话，"投后管理就是在不断灭火"，真是太
贴合老王当下的状态了。

　　破第一题时，老王只要问自己就可以了；破第二题时，老王
只要和老领导沟通好，安抚好王太即可撸袖子大干了。可在第三
题上，老王却没了头绪、失了方向，倒不是真没头绪，而是头绪
太多，不知道提溜起哪根，原本一眼可以看清的路径，被各种内
部、外部的因素给折腾得弯弯曲曲，最后都不知道能通往哪里。
现在老王最大的感受就是，事情做起来总是束手束脚，使不上力
气，因为需要考虑和顾忌的因素太多了，多到每走一步、每下一
个决定都战战兢兢、举步维艰。这些束缚老王手脚的因素，有
外因有内因。外部因素倒也简单，无非抱着"兵来将挡、水来土
掩"的原则就行了，实在熬不过去了，去搬猴子请来的救兵也不
是不可以。最难的就是那些来自内部的因素。"多做多错、少做
少错、不做不错"的处事之道，被多少所谓的"职场高手"奉为

经典;"秋后算账"又让多少"先行先试"者碰壁碰到头破血流;更可恶的是自己人在背后捅刀子,而且还防不胜防,诸如此类,更是给第三题的破解难上加难了。当然,老王这里也只是抱怨一下,该干的活还是会兢兢业业地去干好它。此外,最近烦心事比较多,杂谈里未免会多些戾气,老王恳请各位看官多多见谅、多多包容。

96

影 视

　　最近一部电影《八佰》燃爆了冷冻了大半年的电影市场，在上座率最高仅 50% 的大环境下，还创出了 30 亿元的惊人票房，一方面是这部电影作品本身的品质和热度都不低，加之国际大环境恶劣，民族精神急需提升和推动，想不爆都难；另一方面也说明精神生活已然成为老百姓的刚需，后疫情时代其他行业的报复性消费是否到来老王不清楚，但一部好片引爆的影视行业的报复性消费却是清清楚楚摆在眼前。老王目前正在组建一个专投影视剧的文娱基金，在基金筹备期间，老王前后也接触了不少影视圈的朋友和大佬们，对这个行业也算有了一个初步了解，至少八卦没少听。老王在杂谈里也有谈过老王自己对其他某些行业的认识和看法，所以影视圈里就有朋友让老王也说说影视圈里的那些事，老王开始没答应，因为没有调查就没有发言权，老王对影视圈的认知还比较粗浅，所了解的大部分内容还都是没法写出来的八卦，所以老王原打算先做个调研后再落笔。没想到一晃眼，杂谈都已经快收尾了，这就没法子了，只能把肚子里的存货掏一掏，应一下急，否则影视圈里的朋友真的要寄刀片了。

八卦这里就不谈了，老王先给各位看官普及一下行业的基本知识。影视，电影和电视，在老百姓眼里这都是一个圈，可在老王们看来，这完全就是两个市场，因为买方完全不一样。电影的收入主要靠票房，是一张张票卖出去换来的，本质是 to C 的生意，所以除了电影作品本身质量要过硬之外，宣传发行就很重要了，一边是线上线下推广、点映好评、主创人员首映等等，都是为了提升上座率做准备的；另一边就是要和院线搞好关系，努力提高排片率了，只要排片率和上座率双高，那片子想不爆都难。电视剧则是另一幅景象了，买家主要是电视台和网播平台，按集来售卖，所以是 to B 的生意。整个圈子里能拍板买剧的，兜一圈下来不会超过 20 人，所以只要搞定其中几位，基本上就稳赚不赔了，如果全部搞定，那就能在圈里横着走了。前几年小鲜肉在电视剧行业异军突起，就是因为那时掌握购片大权的基本都是中年阿姨们，片场探班时都偏爱小鲜肉呀，于是风就这么刮起来了。所以不要吐槽猥琐大叔，在这个社会上，爱美之心是不分男女、不分年龄的。

电影和电视在作品创作上是相通的，都需要一个优秀的制作团队来把作品呈现出来。我们通常会在影视剧里看到出品人、制片人、导演及各种演员阵容，有点懵是不是，没关系，老王这就给大家捋捋。给钱的叫出品人，给小钱跟投的叫联合出品人；负责项目总体运作的叫制片人，单独负责一块的叫联合制片人，比如代表投资人来管账的；导演、摄像、化妆、服装、道具等就不说了，都是现场干活的。其实对比公司运营，就能很快理解这些角色之间的关系了：出品人是大股东，联合出品人是小股东，制片人是总经理，联合制片人是副总，导演是业务总监，其他都是业务员。所以中国的影视制作还是普遍采用制片人负责制，而不是国外好莱坞的导演负责制，关键还是整个行业不成熟，出品人的手伸得太长，导演们本事不大、脾气不小，若是没有左右逢源、太极推手的制片人夹在中间，是很容易出翻车事故的。另外，成片后也还有大量的发行工作，也需要制片人来负责，比如某张大导演的片子从来都只拿奖不赚钱，你让他拍完片子再去搞发行试试，看人家大导演不跟你急。近几年由于政策原因，整个行业不景气，奇缺"金主爸爸"，所以出品人会更加牛气，对制片人的考验会更加严峻。在这里，老王心疼制片人一秒钟。

"金主爸爸"们的日子就好过吗？非也，有太多"金主爸爸"们兴冲冲地冲进去，结果被当肥羊宰得一点膘都不剩，骨瘦嶙峋地退出来，这样的案子老王见得太多了。电视剧还好一点，to B 的生意，只要有预购合同，或者私下跟握有购片权的阿姨们沟通一下，就能清楚这剧会不会被购买、能不能赚钱了，无非就是赚多赚少的问题，就和股权投资一样，进场得早、价格低，就赚得多，进得晚、价格高，就赚的少。电影就比较麻烦了，票房入账后，先要缴一笔税费给国家，院线再分掉一点，然后把宣发费用给结了，最后剩余部分才是给到出品方拿来给投资人分的。如果票房不理想，连宣发成本都覆盖不了的话，那投资人基本就颗粒无收，全亏完了；当然如果是爆品，那涨个十几倍也是很容易的，远比老王的股权投资更加暴利，所以投资电影更像是在赌博，博那个万一。老王赌性没那么高，所以正在筹备的影视基金一旦组建好，基本就以投资电视剧为主，电影方面就只投资宣发环节，毕竟离票房更近一点，少赚就少赚吧，还是稳妥为上。

最后，解答一下各位看官一直想问却不敢问的问题，就是圈内有没有潜规则。应该有，只是老王还在圈外游荡，无从了解。有个朋友知道老王在搞影视基金，兴冲冲地过来跟老王说，能不能给他安排个小角色，过过戏瘾。老王说必须带资进组，而且按朋友的脾气，必须给他安排床戏，还是第一集睡到最后一集的那种。朋友问这是啥意思，老王解释道，第一集就出车祸成了植物人，最后一集真情感化才苏醒，不正暗合床戏要求嘛。然后老王就被拉黑了。

97

社 群

疫情后，沉寂了相当一段时间的骚扰电话又开始活跃了，卖黄金商铺、兜售课外辅导、办理银行贷款的层出不穷，这类骚扰电话老王一般是直接挂断不理的，但唯有一种骚扰电话，老王还会调侃两句，那就是报读某某 MBA 班的，因为老王有时也会给一些 MBA 上课开讲座，所以这类电话往往会让老王有种受辱的感觉，明明是老师的料却被当成学员来对待，这么没眼力的，还好意思来做电话营销，明显这买来的个人信息不仅有所缺失，还严重滞后了呀。每当这个时刻，老王总是笑眯眯地回答，"报名就读就不需要了，一般我都是给 MBA 讲课的"，然后就很期待电话那头立马跟上一句："那愿不愿意来做老师呀？"可惜没有然后，电话那头只有挂断后的嘟嘟忙音，看来 MBA 是真不缺老师呀。

老王这种"土著"出身的，毕业工作以后就没再去读 MBA 或者总裁班之类的，不是不想提高自己，实在是没时间和财力。但老王投的企业中，却有好几个老总都报读了长江商学院的 EMBA。老王知道和长江商学院齐名的还有一个中欧商学院，老王还有好几个朋友就曾在中欧商学院任教。难到中欧商学院就不香吗？项目老总们告诉老王，读 EMBA 其实不是为了那张文凭，而是混圈子、拓人脉，从这个角度来看，长江商学院就是高端大气上档次的代名词，因为里面混的不是上市公司董事长就是艺人明星，个个背后都有资源，而中欧商学院就明显落后一个身位，大部分学员都是外企高管，你是冲着抱大腿去的，去了之后才发现自己的腿竟然是最粗的。老王早就知道读 MBA 就是混圈子，但没想到如今竟然这么赤裸裸了，居然还有了鄙视链。好吧，存在就是合理的，老王也用这套理论忽悠了几个项目老总报读了长江商学院，效果还是明显的。

老王之前也聊过"圈子"的话题，今天要聊的"社群"，其实意思也差不多，都是一个"混"字，只不过"圈子"的个人属性更强，对个体的思想和行为的影响也会更大，而"社群"则社会属性更为显著，为业务发展与合作而混的目的性更明确。老王这样划分有点牵强，但先暂且如此吧。社群一般是有组织者的，比如老王为了加强投后管理，搭建了"总裁峰会"的平台，每年把所有项目老总召集起来开两次会，吃吃喝喝的，其实就是在建一个社群，老王就是这个社群的组织者，是"群主"。虽然初衷是希望项目老总们能够在这个平台上互相交流，找到合作机会，而且项目老总们一开始也是奔着这个美好目的来的，但年年开会年年都是这些老面孔，该合作的也早就合作了，最后这个"总裁峰会"也就成了老王每年一聚的保留节目，活生生把"社群"混成了"群"。

混社群，就是要寻找和整合能与公司战略发展相匹配的资源，这是每位老总挥之不去但又不得不面对的梦魇，尤其是初创项目老总更会为此焦虑。于是各种训练营出现了，有发现黑马、培育新人的创业训练营，有针对某个细分领域的行业新贵训练营，有 BAT 大厂的生态共赢计划，甚至连老王的某些同行都有开班招生培训创业者的举动了，虽然各个收费不菲，但中小创业者仍然蜂拥而至，乐此不疲。训练营的课程也大同小异，有大咖传道解惑的，咖位足的办主题演讲，咖位不够的就几个凑一下搞个圆桌；有参观考察标杆企业的，请标杆企业的董事长、创始人出来一顿忆苦思甜、谆谆教诲；有经验分享会的，学员们充分发扬"三人行必有我师""三个臭皮匠顶个诸葛亮"的精神，畅所欲言、挥斥方遒；还有搞团队建设的，各种团建项目把学员们团结友爱、协作互助的精神充分激发了出来，等等。猛一通操作下来，学员们个个像被打了鸡血，斗志昂扬，然后就没有然后了。回归现实之后就会发现，企业的问题依然在那里，并没有因为训练营而改变什么，最后还是需要自己去独立面对和解决。

老王也曾被请去讲过主题演讲，也曾上台和大咖们一起进行圆桌讨论，也曾回答过台下学员们的热心问题，现在老王会摸着良心告诉大家，台上老王绝对只报喜不报忧，绝对只打鸡血不泼冷水，所以台上的老王只是真实老王的一半，而且还是最优秀的那一半；老王在回答提问时，更会自圆其说地让提问者挑不出毛病，好像回答得很有逻辑道理，但仔细一想又好像什么都没有说。这样的老王给出的建议，当心灵鸡汤喝自然无碍，但不经脑子就照猫画虎，那结果还是真不好说。老王也十分理解创业者的压力和迫切之情，但毕竟这个营那个营的，主办方都是花了心思和投入的，大部分也都是收了费的，可不像老王自己办的闭门交流会，怎么说怎么骂都可以，所以老王台面上肯定要配合主办方的，那实话就只能放在杂谈里说了。

首先，混社群，重要的是社群，而不是混。找到好社群才是王道。大咖云集、产业资源雄厚、大厂生态圈，都是好社群的标签。千万别去混那些学术机构主办的或者明显就是冲着赚培训费的社群。小而精的社群远远好过大而杂的社群。

其次，可以适度追求更高层级的社群，但门当户对依然重要，否则别说站 C 位，被裁出镜头都有可能。加入无效的社群才是最大的浪费。

再次，大咖那里只有战略和鸡汤，千万别指望大咖能教你战术怎么打。大咖只见过猪跑，又有何资格指点你如何跑得又快又稳？

最后，混不好就及时止损。老王曾亲见一位常年混迹各种社群，几万几万的学费就这么交着，希望结交大佬贵人。老王真想劝他，有这钱和心思，早就可以去读长江商学院了，何至于此。但那是在朋友的场子，老王只能暗自叹息了。

98

流 程

访谈，是尽职调查中一个很重要的环节，也是投资经理必须
具备的基本功之一。以前老王经常访谈别人，在做政府 LP 代表
的时候会访谈 GP 的主要合伙人，在做基金投资的时候访谈对象
则多为项目老总和他的团队们，而现在老王自立门户后作为创始
合伙人之一，自然也经常会接受潜在 LP 出资人的尽职调查和访
谈。访谈内容包罗万象，会涉及公司历史沿革、在管基金和项目
投管情况、个人的项目投资业绩、管理制度和投资决策机制，以
及新基金的战略定位、投资策略和储备项目等等，基本上把老王
和公司翻了个底朝天，除了底裤颜色不能说之外，其他都得如实
"交代"，最后还得签字画押，虽不作为呈堂证供，但也是 LP 决
定是否给老王基金出资的重要依据之一。

这里容老王先岔开一下话题，给大家普及一下 GP 里合伙人不同称呼背后的意思：（1）创始合伙人，是大股东或实控人，也就是老板；（2）管理合伙人，是股东兼总经理，负责整体运营；（3）合伙人，指高管，负责某方面的业务，一般不是股东；（4）投资合伙人，指外聘顾问，对外可用公司名义谈业务，按业绩提成；（5）执行董事（ED）或董事总经理（MD），一般等同于部门负责人。所以股权投资界的抬头和一般公司不太一样，大家看抬头的时候可千万要擦亮眼睛，别被忽悠了。老王名片上的抬头是"创始合伙人"，既是 GP 公司股东，也是主要业务负责人，自然要承担相应的责任义务，代表公司接受各方的尽职调查和访谈。几次尽职调查下来，老王几无隐私可藏，所以老王直来直去的性格也是有出处的，既然无隐私了，那就裸奔吧。

话说回来，尽管接受了那么多次尽职调查和访谈，但结果还是相当不错的，无论是 LP 亲自下场还是委托第三方进场，尽职调查后对公司和老王的评价都比较中肯。老王在自豪之余，也不禁庆幸，幸亏老王的合作方有省级政府背景，也幸亏老王有长时间的国企工作经历，因此老王和合伙人都异常重视公司运营管理和决策中的科学性和有效性，用官话来说就是要做到"有法可依，有法必依，执法必严，违法必究"，而这里的"法"就是公司制定的各项管理制度和决策程序。公司创立伊始，老王就力推无纸化办公，公司的 OA 和 ERP 系统升级换代了两次，经过四年的运行，目前已经稳定。流程上的电子化，杜绝了人为漏洞的可能，有时效率上会有所牺牲，但老王认为还是非常值得的。老王前东家的董事长就曾在员工大会上，针对员工们对 ERP 流程的复杂性、非人性化和低效率的指责而大声疾呼，"绝不能为了效率而牺牲流程"，当时老王作为员工还不以为然，但如今却深有同感。

如今，老王的投资经理们仍然会吐槽一些业务流程，尤其是碰到那些要与时间赛跑的项目，或者紧急调用内部资料时，往往希望能够先把事办了再后补流程，或者直接找到老王这里要求开个绿灯。老王一方面指示相关办事人员严格按流程来办，一方面语重心长地对那些想走捷径的投资经理们说，别抱怨流程复杂或效率低下，其实那都是在保护你，等万一哪天真的出了问题，就会知道"程序到位"这四个字的分量有多重了。再说了，效率低下，不就是节点上的负责人没点过嘛，你就不会去催吗？流程是死的，可人是活的呀。说起"程序到位"，老王脑海里就有一个典型例子，那是一个事关国家战略和国际地位的重大项目，为了赶进度献礼，在大领导的认可下一切从简，几乎没了所有该有的流程，最后项目是按时完成了，但令人意想不到的是，当初那批项目功臣如今却都身陷囹圄。原因就是为了赶时间导致预算严重超支，事后追责时，流程的缺失就成了原罪。这个教训可是足够惨痛和警世的了。

老王最近有几个项目都遇到了黑天鹅事件，对经营产生了重大影响，老王的投资大概率会有损失，严重的可能会颗粒无收。

老王都是在第一时间，先复查这些项目的投资决策和投后管理中有无流程上的瑕疵，该走的程序都走了没有、该报告的事项有无遗漏，只有当确认所有程序都到位无疑后，老王才能理直气壮地去公正处理，否则老王就得焦头烂额地为内部缺失的流程擦屁股了。当事的投资经理们可以引咎辞职、一走了之，但老王可是被钉在板上，没地方躲，只能承担相应的责任。这么说来，那些来找老王要求开绿灯的，可就不再是简单的高抬贵手一下的问题了，说严重点那是要把老王往火坑里推呢。所以开口前，请自己先想清楚了再说。

另外，从一些日常流程上也能看出一个人的心性。比如老王与合伙人花了大力气推行的打卡制度，从一开始零零散散、爱打不打，到如今每个人都严格遵守，期间经历了各种胡萝卜加大棒，甚至不惜劝退其中的出格者，即便其业务能力好也在所不惜；再如老王亲自主抓的日志，有的会每天按时记录，而有的却是赶在每周业务会前一天补记全周的，这两种人在老王心中自然是不一样的。老王最近又在主抓档案管理，主要是困难项目的退出诉讼严重依赖项目的档案材料，但是由于原来"执法不严"，虽然也制定了"档案管理办法"，但老王高估了大家自觉性的同时，又低估了档案管理的复杂性，导致项目档案存在一定程度上的混乱。这次重新梳理，其实也是老王对投资经理们的又一次考察，结果在老王心中自然是敞亮的。

99

成 本

　　老王已经有大半年没有来过北京了，上一次还是 2019 年 10 月，之后随着疫情突发加之反复，帝都就一度成了老王的出差禁区，哪怕老王还有两个项目在帝都，但今年 6 月份项目走访时，老王也还是一拖再拖，终于拖到现如今不得不来。临出发前，老王的丈母娘还在叮嘱，在帝都千万要戴好口罩、做好防护，搞得老王愈发紧张，但等下飞机出机场时，连绿码都不用查看的轻松氛围又把老王带回了现实，不禁感慨前期艰苦防疫的努力终于有了回报，咱老百姓不就图个世道太平嘛，谁能给老百姓带来世道太平，咱就给谁点赞，"五毛""公知"啥的都靠边站。想到这里，老王又不禁感慨，像老王这样的投资人，不也就图个本金平平安安，顺带赚点小钱嘛，可为啥劳心劳累、操碎了心却还是担惊受怕，没遇上个太平世道，反倒是眼前黑天鹅扑哧扑哧乱飞，还落了老王一身鹅毛。如此触景伤情，无它，就是因为老王此次来帝都就是为那两个问题项目善后来的。

第一个项目爆雷源于一年多前老王的财务核查，发现其为了完成对赌指标而财务造假，只不过造假水平不高，被老王的风控老总一眼看穿锤实，原本业务就这么垮了，好在还有第二主业，还有翻身仗可打，可惜屋漏偏逢连夜雨，二次创业过程中又遇到黑天鹅事件，项目老总配合调查了4个多月，虽然最后人自由了，但事一直没了断，然后就遇上了疫情，用项目老总话来说，仿佛这一生倒霉之事都在这大半年间集中爆发了。

第二个项目，之前一直顺风顺水，项目老总也是信心满满的，还时不时能去给国家领导人或部长们汇报，可惜资本市场行情向下，原本妥妥的近5亿元的融资迟迟不到位，结果7个瓶子4个盖的游戏玩不转了，没盖的瓶子全都暴露出来了，于是项目就裸奔了，欠薪、诉讼等问题全面爆发，项目老总压上全部身价仍然不够救火的，最后只能找股东救急，甚至能在股东办公室一哭一个多小时，搞得股东们只能出血借款，同时还要看好自家的窗户，生怕项目老总有啥冲动举动。对此老王深有同感，之前和另一个有抑郁症的项目老总谈回购的时候，老王也是一边说话一边细心观察项目老总的反应，一旦发现对方眼神游离、右手微颤，老王的语气就会舒缓下来，生怕过激后导致不可挽回的结果，虽然项目老总办公室在一楼，可家里住的是高层呀。

在老王这个事后诸葛亮看来，这两个项目最大的失误都出在了成本管控上。

第一个项目的老总下海创业前，是一家互联网巨头的业务部门负责人，部门业绩当年也是杠杠的。但问题也正出在这里，部门业绩算的是毛利，是收入减去直接成本，而很少会将总部运营成本分摊进去，尤其当总部整体还是盈利的时候。一旦自主创业后还维持这种思维就有很大问题了，某块业务按毛利来看是赚钱的，可如果将中后台的间接成本核算进去是亏钱的话，那首先要做的是想办法提升毛利直至能够覆盖间接成本，而不是想当然地认为有毛利就可以盲目扩张了，这种带着亏损的失血扩张无异于慢性自杀。

第二个项目的教训是落地执行团队跟不上项目发展速度和项目老总的战略要求。项目初创的时候，收入流水还不多，负责财务的副总还能合格，但当收入过亿，资金流水复杂多样的时候，财务团队能力不足的问题就显现了，没法及时为项目老总提供准确的成本核算和财务风险预警，导致项目老总一直以为是 4 个瓶子 4 个盖，而没有看到另外 3 个没有盖的瓶子已经冒了出来。而且多轮顺畅的融资，也使得项目老总开始盲目扩张。用其他股东的话来说，公司员工高峰的时候有 1500 多人，但实际只发挥出了 300 人的作用，如此低效率的产出，在成本核算缺失的情况下就会发出错误的信号，"人手不够啦，还得招人"，从而陷入恶性循环。

不止这两个项目，老王的其他项目中也存在同样的问题。有个项目老王是亲自担任董事长的，所以能够深入到项目的运营管理中，当总经理每月业务会都报喜说又增加多少多少业绩时，老王就很忧虑，虽然收入增加了，但项目的现金储备却一直在减少，那就意味着项目还在不停失血。后来老王把财务兜底翻了一遍以后才发现问题所在，原来销售人员提成是按毛利来计提的，计提之后再摊间接成本的时候就亏了。所以老王把提计规则改成摊完间接成本后再计提，项目终于止住了失血，虽然销售人员收入下降了，也有一些人为此离了职，但老王在所不惜，千做万做，这亏本生意总不能做吧。

当然对前面的两个问题项目，老王自有应对和解决的方案和手段，但项目深挖后暴露出来的成本管控上的问题却值得所有项目老总好好思考。老王曾在杂谈中告诫过大家要重视现金流，其实成本管控就是保证正向现金流的一个重要指标和手段，收入的增加与否取决于老天爷和金主爸爸给不给口饭吃，但成本支出却是掌控在自己手里的，如果花得连自己心里都没有数，这无论如何都算不上是一个合格的老总吧，如果那样的话，还请离老王远点，老王已经够苦逼的了，就不要再雪上加霜，成为压垮老王的那根稻草了。

100

众生相

老王约了一位朋友喝下午茶，朋友是老王的同行，在上海的股权投资圈里也小有名气，老王当初在浙江做政府引导基金的时候，也帮着他把团队引入浙江，并作为出资人一起设立了浙江基金，虽然基金规模不大，但投资业绩还不错，项目 IPO 的比例接近一半，现在回头看，朋友和朋友的团队应该算是老王引入浙江的为数不多的优秀团队之一了。但这已是 10 年前的事了，这 10 年间，老王也换了两位东家，最终自立门户，而朋友那里，基金业务起起伏伏，团队成员进进出出，也不再像往日那般高调喧哗，而是选择低调，现在本人更是处于半退休状态，着实让老王羡慕。于是两个都有故事的老男人再次聚首八卦、追昔抚今，满嘴说道的都是几个亿的项目和地方领导的小道故事，听得隔壁桌的美女频频侧目，估计心里在暗自吐槽。

老王在那儿吐槽最近频发的黑天鹅事件，以及频频爆雷的项目给老王带来的各种焦头烂额，朋友并未安慰老王，反而不断指出老王还不够"心狠手辣"，因为投资圈的生存环境并未如外界所认为的那般祥和与"高大上"，而是充斥着各种造假、跑路、尔虞我诈和背后捅刀的事情，些许心善就会导致极度的被动。朋友有个项目，实控人稍许露了点马脚，朋友就毫不犹豫地诉讼回购了，私下还出钱请人查证了实控人可冻结的资产，黑白两道、双管齐下，不仅拿回了本金还小有盈余，而落后半步的其他股东则只能眼睁睁地看着项目和实控人慢慢垮掉，一点渣都剩不下。如此看来，"心狠手辣"和"心善"的结局竟是有天堂和地狱之别呀，但细想也在情理之中。老王最近在处理几个问题项目时，也颇有同感，恶语相向、破罐子破摔往往能让老王赢得主动，反倒是好言好语相商，结果却是老王很受伤。所以最近老王见着项目老总时，开头第一句话往往就是，"对项目的投资，老王已经全额计提亏损了"，意思是老王已经光脚了，只要项目老总还穿着鞋，那老王就能立于不败之地，如果项目老总也是光脚的，那就一起死吧，只要让老王死得明白就行。说白了就是，项目如果败得清清楚楚的话，老王也就捏鼻子认了；但凡有点猫腻在，哼，在外面还是在里面，自己选吧。

朋友总结了当下能赚大钱的三种人：心狠手辣的、胆大包天的，以及"白手套"。心狠手辣，是指为了利益可以不惜任何手段，为了里子可以不要面子的那类人，也许本身就是咄咄逼人、穷凶极恶之辈，这还好打交道，最怕的就是那些伪善之人，平日人模狗样的，关键时刻就翻脸不认，还能顺手再插一刀，那才是防不胜防的。胆大包天，是那些不顾律法规则、有空就钻，甚至会冒牢狱之灾铤而走险，熬过去了就鱼跃龙门、大富大贵，熬不过就一沉到底的那类人。这类人心性未必坏，甚至江湖气息更甚，只是做事不守规矩、不按套路出牌而已，摸准了脾气性格反倒能成至交，但要合作生意，那自己得先有一副坚强的心脏和厚实的财力能陪着他一起坐过山车才行。至于"白手套"，老王之前开过单篇，这里就不再详述了，老王只知道真正的"白手套"，不管是三代、二代也好，还是大秘司机也罢，都是低调得不能再低调的人，而不是宣扬得满世界皆知。

老王自认为不是上面这三种人里的任何一种，所以至今只能赚点小钱养家糊口，从没有大富大贵过，但这几十年来，也多少碰到过心狠手辣、胆大包天之辈，以及各色手套之流，其中既有点头之交，也有入坑合作的，虽不说看穿人生，但也有江湖水深的感觉。老王和朋友闲来无事，对双方都认识的交集圈里的朋友，逐一交流点评了一番，然后发现身边朋友里既有格局大成者，也有斤斤计较者；既有心善之辈，也有腹黑之人；既有大担当，也有"滑肩膀"；既有左右逢源之人，也有情商掉线之人，芸芸众生相，皆尽在眼前。老王自然也一定活在朋友们的评价中，也许率真、也许耿直、也许莽撞、也许无知，之前或许良善，现在可能狰狞，千百人心中一定会有千百个不同形象的老王，但这千百个活在他人心中的老王，或生或死，又能如何呢？老王也只不过是芸芸众生之一，过好自己的日子就好啦。

后 记
POSTSCRIPT

　　终于写完 100 篇杂谈，完成了终极目标，老王还是有点兴奋的。回想最初提笔的初衷，也仅仅是疫情自我隔离期间的某些胡思乱想，觉得不记录下来有点可惜，所以就有了《疫情后投资逻辑上的几点思考》的短文处女作，而该文中大部分都只是结论而没有严谨的分析推理，然后又凑热闹般地在朋友圈试着发了一下，没想到围观者众多，效果嘛，还不错。公司复工后，业务还没完全恢复，为了提高员工的工作状态和积极性，公司又开展了读书会和行研活动，老王也借此机会静下心来好好研读了几本书，同时思考了一些被投项目身上发生的问题，居然还总结出了一些经验教训，然后又觉得不把这些经验教训留下来似乎更可惜，就开始动手写杂谈了。原打算只写 10 篇，把老王自以为总结出来的经验教训糅一糅就成了，所以前 10 篇的风格与后来的杂谈完全不一样，老王可能还会回头去好好修改一下。当 10 篇杂谈更完之后，很多朋友都鼓励老王再多写一点，毕竟老王的性格摆在那里，在杂谈里毫无忌讳地说了很多该说的和不该说的。所以不管是想从杂谈里得到体会感悟的，还是想从杂谈里扒一扒八卦的，大家伙们的鼓励和从未寄出的刀片都是老王继续写下去的动力。但能一路坚持下来，每个工作日不停更直到今天满百篇，最大的原因还是小王同学。就因为小王同学那时问了老王一句："是不是有出书的打算？"老王当时开玩笑地回答："努力努力写它个一百篇就可以出了。"小王同学虽然"哦"了一下，脸上却只有两个大字——"不信"。所以老王暗自就和自己较上了劲，非得给小王同学做个榜样不可，用自己的行动来告诉小王同学，男人必须"言出必行"。

老王杂谈能够坚持下来，除了大家的鼓励和支持外，其实老王内心还是有一些愧疚的，要对一些人说声抱歉。

首先，是那些被老王当作案例的项目老总们，尤其是那些被老王当作经验教训来总结的项目老总，毕竟没有事先打过招呼，就被老王这么任性地揭了短，实在是抱歉。尽管老王都是隐去姓和名，在有些案例上还用了春秋笔法，外人读起来可能不清楚谁是谁，但老王身边的人或者熟悉老王项目的人，基本都能一眼就看出老王在表扬谁，又在批评谁。其间也有项目老总和老王小小地抱怨过，老王也是虚心接受但死不悔改，只能以后酒桌上赔罪了，来个一醉泯恩怨。

其次，要对王太和小王同学说声抱歉。为了配合杂谈剧情需要，王太扮演了"红太狼"角色，拥有了搓衣板和榴莲壳女王的称号，事实上王太绝无此等状态，反倒是全力支持老王的工作，给老王创造了一个相当宽松的氛围，这里是一定要给平反的，否则……还是再说说小王同学吧。杂谈里也揭了小王同学的不少短，搞得护犊子的外婆都开始对老王提意见了："怎么只见到儿子缺点见不到优点呀？"所以老王又专门起了一篇吹捧小王同学的《娃》。老王能力至此，为了一个承诺给小王同学留下了百篇杂谈，也希望将来小王同学也有能力和毅力给小小王留点东西。

最后，就是那些在杂谈里曾出现过的各位亲朋好友们，有同学、有弟子，还有貌美肤白身材好的大美女，等等，都因为老王的任性而在杂谈里露了脸，而老王也仅是从自己的感受来写的，一定会存在片面性甚至是错误的解读，只要大家提出意见，老王一定会听取并积极改正，毕竟涉及个人隐私，在老王眼里这些都是大事。

现在百篇杂谈终于出版了，也算完成了老王之前立下的目标，为此老王十分感谢在出书过程中给予老王大力支持的出版社领导和朋友们，以及为了这本书顺利出版而忙前忙后的美女助理。至于百篇之后，老王还会不会继续写杂谈，按理这半年下来的写作习惯还是会延续下去的，只不过不会再像完成任务那样每日一更了，而是会不定时创作和更新，主要还是要看老王后续的生活和工作中有无新的人生感悟了，有就一定会提笔，没有那就只能歇歇了。其实限于篇幅和隐私等考虑，老王很多案例都是点